C.H.BECK WISSEN

Der während des Dritten Kreuzzugs im Heiligen Land gegründete Deutsche Orden spielt durch das Ordensland Preußen eine herausragende Rolle in der deutschen Geschichte. Jürgen Sarnowsky erzählt die faszinierende Geschichte des Ritterordens von den Anfängen bis heute und beschreibt dabei nicht nur seine politische Rolle, sondern auch seine Spiritualität sowie seine kulturelle und wirtschaftliche Bedeutung, die weit über Deutschland hinausweisen.

Jürgen Sarnowsky, geb. 1955, ist Professor für Mittelalterliche Geschichte an der Universität Hamburg und u. a. Vorsitzender der Historischen Kommission für ost- und westpreußische Landesforschung, Vorsitzender des Hansischen Geschichtsvereins und Mitglied der Internationalen Historischen Kommission zur Erforschung des Deutschen Ordens.

Jürgen Sarnowsky

DER DEUTSCHE ORDEN

C.H.Beck

Mit 4 Abbildungen und 3 Karten

1. Auflage. 2007
2., durchgesehene Auflage. 2012

3., durchgesehene Auflage. 2022

Originalausgabe

www.chbeck.de
Satz: C.H.Beck.Media.Solutions, Nördlingen
Druck und Bindung: Druckerei C.H.Beck, Nördlingen
Reihengestaltung Umschlag: Uwe Göbel (Original 1995, mit Logo), Marion Blomeyer (Überarbeitung 2018)
Umschlagabbildung: Detail aus einer Darstellung der Schlacht von Tannenberg in der «Berner Chronik» Diebold Schillings des Älteren (gest. 1485), Ms. Burgerbibliothek Bern h. h. I 1, S. 304
Printed in Germany
ISBN 978 3 406 78196 4

myclimate

klimaneutral produziert
www.chbeck.de/nachhaltig

Inhalt

Einleitung

Die Kreuzzüge begannen Ende des 11. Jahrhunderts. Hatten die frühen Christen noch jeden kriegerischen Konflikt verworfen, so wandelte sich diese Haltung schon im Verlauf der Christianisierung des Römischen Reiches. Der Kirchenvater Augustin (gest. 430) hatte den «gerechten» Krieg ausdrücklich erlaubt, wenn er der Verteidigung oder Wiedergewinnung von Gut und Land oder dem Schutz der Untertanen diene – vorausgesetzt, diese Entscheidung gehe von einer berechtigten Autorität aus. Darauf beriefen sich auch die Bischöfe und Päpste, die im 11. Jahrhundert weltliche Krieger gegen innere und äußere Gegner, auch gegen Angriffe von Muslimen, mobilisierten. So stand im Mittelpunkt des Aufrufs zum Ersten Kreuzzug auf dem Konzil von Clermont 1096 die Hilfe für die Christen des Orients und die Wiedergewinnung der heiligen Stätten der Christenheit. Nach der Eroberung Jerusalems 1099 und der Gründung christlicher Kreuzfahrerstaaten zeigten sich jedoch bald neue Probleme. Erst der Verlust der Grafschaft Edessa führte 1145/46 zum Zweiten Kreuzzug, bis dahin kam der Nachschub aus dem Westen nur zögerlich. Die Lage war deshalb unsicher, zumal die Herrscher immer erst mühsam die feudalen Aufgebote mobilisieren mussten. In dieser Situation bildete sich um 1119 im Umfeld des Patriarchen von Jerusalem eine Gemeinschaft von Rittern, die sich dem Schutz von Pilgern auf dem Weg zwischen Jerusalem und der Küste verschrieben und sich nach ihrem von König Balduin II. von Jerusalem zur Verfügung gestellten Quartier, im vermeintlichen Tempel Salomos, Tempelritter nannten. Ähnlich wie die Chorherren vom Heiligen Grab und die Gemeinschaft am Johannes-Hospital in Jerusalem organisierten sie sich nach geistlichen Normen, stießen aber wegen der Verbindung von Mönchtum und christlichem Rittertum auf Kritik und Zweifel. Erst eine Reise von Tempelrittern nach Frankreich führte eine Klärung herbei. Auf der Synode von Troyes im Januar 1129 erhielten sie eine Regel, und der einflussreiche Zisterzienser Bernhard von Clairvaux verfasste zu ihrer Rechtfertigung die Schrift *Vom Lob der neuen Ritterschaft*. Damit war die neue Lebensform der geistlichen Ritterorden begründet.

Bei den Templern wie bei den anderen Ritterorden verbanden sich die drei mönchischen Gelübde Keuschheit, Armut und Gehorsam mit dem «Heidenkampf», dem Kampf gegen die Gegner der Christenheit, das heißt, sie lebten wie Mönche ohne Frauen, ohne persönlichen Besitz und in Unterordnung unter die Ordensoberen gemeinsam und mit festem Tagesablauf in eigenen Häusern, waren aber zugleich dazu ausgebildet und bereit, unter Wahrung der von Augustin formulierten Normen in den Krieg zu ziehen. Wie Bernhard von Clairvaux betonte, unterschieden sie sich damit von der weltlichen Ritterschaft, die für Ruhm und Beute kämpfte. Obwohl es weiterhin Kritik gab, erwies sich die neue Lebensform als überaus erfolgreich. Die disziplinierten Templer bildeten bald den Kern der Kreuzfahrerheere im Heiligen Land und vermochten mit Hilfe zahlreicher Schenkungen und Häuser im gesamten lateinischen Europa ein effizientes Netzwerk zur Versorgung ihrer Kontingente und zur Unterstützung der Kreuzfahrer aufzubauen. Ihre militärischen, politischen und administrativen Erfahrungen machten sie zu einflussreichen Ratgebern. Von den Päpsten erhielten sie weitgehende Unterstützung. Im März 1139 nahm sie Innozenz II. unter seinen Schutz, löste sie aus dem Einfluss der regionalen kirchlichen Gewalten und erlaubte ihnen die freie Meisterwahl und die Aufnahme von Priestern.

Damit war ein erfolgreiches Modell entstanden, das auch außerhalb des Heiligen Landes nachgeahmt wurde. In Spanien sahen sich die christlichen Königreiche islamischen Gegnern gegenüber, deren Vorfahren einst das christliche westgotische Königreich erobert hatten, und im Baltikum widersetzten sich – allerdings erst im frühen 13. Jahrhundert – heidnische Völker einer friedlichen Mission. Das offenkundige Bedürfnis nach militärischer Unterstützung durch die Ritterorden führte im Heiligen Land dazu, dass auch eine Institution weitgehend in einen

Ritterorden umgewandelt wurde, die im modernen Verständnis wenig mit Kämpfen verband: die Gemeinschaft am Johannes-Hospital in Jerusalem, die Johanniter. Noch vor dem Ersten Kreuzzug begründet, erhielt das Hospital spätestens seit 1113 ähnlich wie die Templer Schenkungen und Häuser im gesamten lateinischen Europa. Spätestens seit Ende der 1130er Jahre wurde jedoch die Fürsorge für die Pilger durch ihren Schutz ergänzt. Dies geschah zunächst mit Hilfe bezahlter Krieger, seit etwa 1150 auch durch Ritterbrüder, die wohl nach dem Vorbild der Templer bald an Einfluss im Orden gewannen, obwohl dieser Prozess der Militarisierung immer wieder auf Widerstand stieß und sich nur langsam vollzog. Der Meister Gilbert d'Assailly mobilisierte zwar bereits 1168 500 Ritter und 500 leichter bewaffnete einheimische Söldner («Turkopolen») für einen Feldzug gegen Ägypten, doch erst die Statuten von 1204/06 berücksichtigten die Militarisierung des Ordens.

Der Deutsche Orden, der dritte der großen geistlichen Ritterorden, bildete sich auf ähnliche Weise aus einer Hospitalgemeinschaft, allerdings innerhalb weniger Jahre nach dem Dritten Kreuzzug (1189–1192). Sein verkürzter, so schon im Spätmittelalter belegter Name deutet keineswegs auf eine regionale Beschränkung, wie sie sich faktisch bei den spanischen Ritterorden ergab. Vielmehr machen sowohl die lateinische wie die deutsche Bezeichnung, *Hospitale sancte Marie Theutonicorum Ierosolomitani* oder – modernisiert – «Hospital Sankt Marien des Deutschen Hauses zu Jerusalem», die Anbindung an das Heilige Land deutlich, die auch im Selbstverständnis und für die Stifter des Ordens eine zentrale Rolle spielte.

Die Basis seiner Besitzungen lag zwar im römisch-deutschen Reich, doch erhielt der Orden Schenkungen und Häuser nahezu im gesamten lateinischen Europa und im östlichen Mittelmeerraum. Auch Heinrich III. von England sagte dem Orden eine Rente, feste jährliche Einkünfte, zu. Zu den frühen Förderern zählten nicht nur die staufischen Kaiser und Könige, sondern auch die Könige von Jerusalem und Armenien, der ungarische König Andreas und der polnische Herzog Konrad von Masowien. Auch wenn sich im späteren Mittelalter deutliche Vorurteile gegenüber «welschen», also romanischsprachigen, Brüdern nachweisen lassen, gab es in den mehrsprachigen Regeln, Gesetzen und Gewohnheiten des Ordens niemals eine ethnische Beschränkung. So lebten in der Komturei Lüttich deutsch- und französischsprachige Brüder miteinander in einem Haus, mit einer zweisprachigen Aktenführung, Stiftern und Rekrutierungen aus beiden Gruppen, zeitweilig sogar unter frankophonen Komturen.

Die Geschichte und Besitzentwicklung des Deutschen Ordens ist von seiner späten Entstehung geprägt. Mit dem Nachlassen der Kreuzzugsbegeisterung im 13. Jahrhundert und der zunehmend schwierigen Lage der Kreuzfahrerstaaten versiegten die Schenkungen im Süden und Westen Europas bald nach dem Fünften Kreuzzug (1217–1221). Der Orden konnte im Heiligen Land nur um Akkon nennenswerten Besitz erwerben und seine Rechte ähnlich wie die anderen großen Ritterorden territorial verdichten, auf Zypern besaß er jedoch keine tragfähige Basis. Nach dem endgültigen Verlust des Heiligen Landes 1291 zogen sich die Brüder deshalb nach Venedig zurück, während Templer und Johanniter ihren Sitz auf Zypern etablierten. Als der Templerorden 1307 nach der Verhaftung der führenden Brüder durch Philipp IV. von Frankreich schweren Vorwürfen ausgesetzt war und 1312 aufgehoben wurde, zogen sich die Johanniter auf das von ihnen kurz zuvor eroberte Rhodos zurück. Der Deutsche Orden verlegte aber seinen Sitz ins Baltikum, in das seit 1230 eroberte Preußen. Während die Templer 1192 noch mit dem Versuch gescheitert waren, die Herrschaft in Zypern zu übernehmen, errichteten die beiden anderen großen Orden Landesherrschaften in der Ägäis und im Baltikum. Auch in anderen europäischen Regionen gab es im Spätmittelalter Ansätze zu einer Territorienbildung der Ritterorden: bei den spanischen Ritterorden in Andalusien, beim Deutschen Orden im Neckarraum.

Die spätmittelalterliche Ausrichtung des Deutschen Ordens auf das Baltikum hat nicht nur in der Forschung lange zu einer national verengten Wahrnehmung geführt. Erst seit den 1980er Jahren hat sich diese Einstellung in der deutschen und polnischen Geschichtsschreibung gewandelt. Die Quellenlage und Bedeutung der Ereignisse werden zwar auch in dieser Darstellung hier und da die preußische Perspektive in den Vordergrund treten lassen, doch die gesamteuropäische Bedeutung dieses geistlichen Ritterordens wird nicht aus dem Blick gerückt. Die modernen internationalen Ortsnamen werden allerdings aus Raumgründen nur im Register berücksichtigt.

I. Die Anfänge

1. Die Entstehung des deutschen Hospitals

Lange waren die Anfänge des Deutschen Ordens oder genauer des ihm vorangehenden deutschen Hospitals unklar und umstritten. Schon im 13. Jahrhundert gab es zwei gegensätzliche Traditionen über die Ursprünge des Ordens. Die eine führte den Orden auf das bereits 1143 belegte, 1165 auch durch Johann von Würzburg beschriebene deutsche Hospital zu Jerusalem zurück. Diese Darstellung findet sich in vom Orden beeinflussten Urkunden, in denen einmal sogar die Rede ist von den «Kreuzrittern vom Hospital S. Marien der Deutschen, das einst in Jerusalem gelegen war, aber wegen der Sündhaftigkeit [der Christenheit] nun zu Akkon ist» (Zimmermann, Siebenbürgen, 162). Die andere Überlieferung, vornehmlich die ordenseigene Historiographie, verlegte dagegen die Entstehung des Ordens in eine spätere Phase der Kreuzzugsgeschichte, als während des Dritten Kreuzzugs um 1190 vor Akkon ein Feldlazarett gegründet wurde.

Diese unterschiedlichen Traditionen sind einfach zu erklären. Einerseits wollten die Brüder ihrer Korporation durch ehrwürdige Anfänge ein höheres Ansehen unter den Orden verschaffen, vergleichbar den Johannitern, die die Ursprünge ihres Hospitals gar in die vorchristliche Zeit verlegten. Im Falle der stets erhofften Wiedereroberung Jerusalems konnte man damit auch Anspruch auf das alte deutsche Hospital in Jerusalem erheben – was in der Folge des Kreuzzugs Friedrichs II. 1228/29 tatsächlich geschah. Andererseits barg diese Anknüpfung für die junge Gemeinschaft ein erhebliches Risiko, denn die Papsturkunde von 1143 – das älteste Zeugnis für das wohl schon länger bestehende Jerusalemer Hospital – ordnet die weitgehende Inkorporation dieser Institution in den Johanniterorden an. Nicht zufällig hat sie sich bei den Johannitern erhalten, und es ist ebenso wenig ein Zufall, dass es am Anfang des 13. Jahrhunderts zum Konflikt zwischen den beiden Orden kam, weil der ältere die Unterstellung des jüngeren verlangte.

Tatsächlich sprechen auch andere Zeugnisse und Überlegungen für eine Neugründung vor Akkon um 1190, nicht zuletzt die Schenkungsurkunde König Guidos von Jerusalem an das deutsche Hospital vor Akkon vom September 1190. Als eigentlicher Empfänger ist ein Meister Sibrandus genannt, der demnach diese Institution während der Belagerung «gegründet und errichtet» hatte (Tabulae, 22). Schon zu diesem Zeitpunkt war das Hospital offenbar so fest etabliert, dass der König eine dauerhafte Einrichtung in der Stadt nach dem Ende der Belagerung annahm. Dafür überließ er Sibrandus das Hospital der Armenier in Akkon. Falls sich die Schenkung nach der Eroberung der Stadt nicht umsetzen ließ, versprach er ersatzweise ein daneben gelegenes Gelände. Dazu kam eine erste Ausstattung mit Land im Umfeld Akkons.

Guidos Position war in dieser Zeit durchaus nicht gefestigt. Nach der Niederlage gegen Saladin in der Schlacht bei Hattin 1187 war mit Jerusalem auch der größte Teil des Königreichs verloren gegangen. Als der König im Juni 1188 aus der Haft seiner islamischen Gegner freikam und ein kleines Heer sammelte, wurde er nicht mehr als Herrscher anerkannt. Dennoch begann er im August 1189 die Belagerung von Akkon, das als Seestadt schon die stärkste Festung des Königreichs Jerusalem vor 1187 gewesen war und von Saladin als Stützpunkt weiter ausgebaut wurde. Akkon wurde zum Anlaufpunkt für die Hilfe aus dem Westen. Entscheidend war 1191 die Ankunft der beiden westeuropäischen Herrscher. Während Philipp II. von Frankreich bald nach der Kapitulation Akkons im Juli 1191 abreiste, blieb Richard I. von England vorerst im Heiligen Land. Die Eroberung Jerusalems schlug fehl, und Richard schloss im September 1192 mit Saladin einen Waffenstillstand, der die Küste von Tyrus bis Jaffa in der Hand der Christen beließ. Guido von Lusignan war inzwischen von Richard als Herrscher auf Zypern eingesetzt worden, während Heinrich von der Champagne, der Pfalzgraf von Troyes, mittelbar seine Nachfolge antrat.

Der Kaiser, Friedrich I. Barbarossa, nahm im März 1188 das Kreuz und brach auch als erster der europäischen Herrscher zum Dritten Kreuzzug auf. Doch er ertrank im Fluss Saleph im Südosten der heutigen Türkei, und das Kreuzfahrerheer löste sich auf. Nur Kontingente unter seinem jüngeren Sohn, Herzog Friedrich von Schwaben, setzten den Zug noch bis ins Heilige Land fort.

Es sind diese Ereignisse, an die die älteste Ordensgeschichtsschreibung mit der vor der Mitte des 13. Jahrhunderts entstandenen «Erzählung über die Anfänge des Deutschen Ordens» (*Narratio de primordiis ordinis Theutonici*) anknüpft. Dort heißt es: «In der Zeit, als Akkon von einem christlichen Heer belagert und mit Gottes Hilfe aus der Hand der Ungläubigen befreit wurde, errichteten einige Männer aus den Städten Bremen und Lübeck im Heer unter günstigen Vorzeichen ein Hospital unter dem Segel eines Schiffs, das Kogge genannt wird, um zur Ehre Gottes Werke der Barmherzigkeit auszuüben [...]. In dieses nahmen sie viele und verschiedene Kranke auf, und indem sie reinen Herzens die Aufgaben der Menschlichkeit erfüllten, sorgten sie mit Umsicht und großem Eifer für das Hospital bis zur Ankunft des erlauchten Herzogs Friedrich von Schwaben, des Sohns Kaiser Friedrich Barbarossas. [...]» Es habe zu dieser Zeit kein anderes Hospital für Kranke im Heer außer diesem existiert. Dieses sei dann «mit seinem Hauptnamen ‹Hospital Sankt Marien der Deutschen zu Jerusalem›» genannt worden «in der Hoffnung und dem Vertrauen, dass das Heilige Land dem christlichen Glauben zurückgegeben und dann in der Stadt Jerusalem das Haupthaus des Ordens entstehen wurde [...]» (nach Statuten, 159–160).

Dieser Bericht stellt gewissermaßen einen doppelten Gründungskontext her. Das eine sind die bürgerlichen Ursprünge des Hospitals, an die auch in späteren Zeiten, etwa in der Korrespondenz mit Lübeck, mehrfach erinnert wurde, das andere ist die frühe Förderung durch die Staufer in der Person des – schon vor dem Ende der Belagerung verstorbenen – Herzogs Friedrich von Schwaben.

Das Hospital konnte sich nach 1191 vorerst auch ohne staufische Förderung rasch entwickeln. Schon im Februar 1191 nahm es Papst Clemens III. ausdrücklich unter seinen Schutz. Ein weiteres päpstliches Privileg folgte im Dezember 1196 unter Cölestin III., der die – mit Einnahmen verbundene – Bestattung von Nichtmitgliedern der Gemeinschaft erlaubte und der Bruderschaft das Recht zur freien Meisterwahl verlieh, das vor Eingriffen von außen schützte. Das Hospital blieb zwar weiterhin der Exkommunikationsgewalt der lokalen kirchlichen Autoritäten unterworfen, unterstand aber einer allgemein anerkannten, eigenständig organisierten Bruderschaft.

Die Reihe der Leiter des Hospitals, die nach Sibrandus erst als Prior, später als *praeceptor* («ritterordenstypisch» etwa: Komtur) bezeichnet sind, ist nicht geschlossen überliefert. Ihnen gelang eine Stabilisierung des Hospitals, obwohl sich die königliche Schenkung des armenischen Hospitals nicht umsetzen ließ. Vielmehr erhielt die junge Gemeinschaft nur ein Stück Land am Nikolaitor und musste schon bald eigene Mittel einsetzen. Immerhin konnte der Anspruch der Johanniter auf ein «Hospital-Monopol» für Akkon, für das sie sogar ein päpstliches Privileg vorlegten, abgewiesen werden. Dazu kam ein kontinuierlicher Ausbau des Hospitalbesitzes. König Guido und Heinrich von der Champagne verliehen dem Hospital Grundstücke und Häuser in Akkon, Tyrus und Jaffa sowie weitergehende Rechte für das Königreich Jerusalem. Das deutsche Hospital und die Bruderschaft waren somit 1198 bereits etablierte Institutionen, als sich neue Perspektiven abzeichneten.

2. Der geistliche Ritterorden und die Entfaltung seiner Strukturen

Wenn schon die Johanniter unter dem Eindruck der Situation im Heiligen Land Ritterbrüder aufgenommen hatten, lag auch für die Bruderschaft am deutschen Hospital der Gedanke der

Umwandlung in einen Hospital- und Ritterorden nicht fern. Während sich dies aber bei den Johannitern in einem langen Prozess und unter großen Widerständen vollzog, wandelte sich der Deutsche Orden innerhalb weniger Jahre und ohne innere Konflikte. Bald entstanden auch neue Strukturen.

Schon seit 1193 war das deutsche Hospital für den Unterhalt eines Teils der Mauern, Tore und Gräben Akkons verantwortlich. Deren Verteidigung übernahm es jedoch erst im August 1198, als die Brüder von König Amalrich II. auch noch den Turm über dem Nikolaitor erhielten. Dennoch zeichnete sich die Umwandlung in einen Ritterorden schon früher ab. Ein erster Schritt könnte die Übernahme der Leitung des Hospitals durch den 1196 nachgewiesenen *praeceptor* Heinrich gewesen sein, der wohl eher einen weltlichen Hintergrund hatte. Zudem dürfte die Militarisierung der Gemeinschaft in den Mittelmeerplänen Kaiser Heinrichs VI. eine Rolle gespielt haben, spätestens nach seiner Kreuznahme im Mai 1195. Auch wenn der eigentliche Kreuzzug durch den frühen Tod Heinrichs 1197 nicht zustande kam, waren es doch die vom Kaiser schon vorab entsandten Kontingente deutscher Kreuzfahrer, die den endgültigen Anstoß zur Aufnahme von Ritterbrüdern gaben. Auf einer gemeinsamen Versammlung mit dem hohen Klerus der Kreuzfahrerstaaten im März 1198 entschloss man sich, den Papst zu bitten, der Gemeinschaft neben dem Hospitaldienst auch den Kampf gegen die Heiden zu gestatten.

Innozenz III. kam dieser Bitte im Februar 1199 nach. Er nahm das deutsche Hospital unter seinen Schutz und bestätigte die Entscheidung, dass die Bruderschaft die Templerregel für ihre Ritter und Priester, die Johanniterregel aber für die Armen- und Krankenpflege anwenden sollte. Im Juni 1209 nahm der Papst noch eine feierliche Bestätigung der Rechte und Besitzungen der Gemeinschaft vor, ohne sie jedoch aus der Jurisdiktion der Bischöfe zu lösen. Die Stellung des Ordens blieb auch sonst noch schwach. So kam es in diesen Jahren zum Streit um das Tragen des weißen Mantels, den der Templermeister dem Orden nach dem Bericht der ältesten Chronistik verliehen hatte, um die Brüder an die Übernahme der Templerregel zu erinnern.

Zwar konnte durch Vermittlung des Patriarchen von Jerusalem 1211 ein erster Ausgleich erreicht werden, doch wurde der Streit erst durch Urkunden Honorius' III. von 1222 und Gregors IX. von 1230 entschieden. Inzwischen hatten sich für die Orden längst unterschiedliche Abzeichen auf den Mänteln etabliert: das schwarze Kreuz beim Deutschen Orden, das rote bei den Templern.

Diese bescheidenen Anfänge spiegeln sich auch in der Reihe der ersten Meister. Von Heinrich Walpot, Otto von Kerpen und Heinrich Bart kennt man kaum mehr als die Namen, den in den Ordensnekrologien, den Listen der Gedenktage für die verstorbenen Mitglieder des Ordens, überlieferten Todestag (ohne das Jahr) und den Ort ihrer Bestattung, Akkon. Von Heinrich Bart weiß man noch, dass er wohl 1209 im Kampf gefallen ist. Es ist mithin kaum untertrieben, wenn es bei Peter von Dusburg, dem um 1326 schreibenden Ordenschronisten, über den vierten Hochmeister Hermann von Salza heißt, er hätte anfangs vor Brüdern gesagt, «er wolle ein Auge dafür geben, wenn sein Orden während seiner Amtszeit nur so stark würde, dass er zehn Ritterbrüder unter Waffen hätte und nicht mehr» (Peter von Dusburg, Chronica, 51). Erst unter dem rund 30 Jahre amtierenden Hermann, einem Ministerialen (niederadligen Dienstmann) der Landgrafen von Thüringen, begann der eigentliche Aufstieg des Ordens, so dass der Chronist urteilen konnte, «niemals wurde eine geistliche Gemeinschaft oder ein Orden durch einen einzelnen Menschen in dieser Welt so gefördert» wie durch ihn (ebd., 53).

Hermann von Salza baute enge Beziehungen zum staufischen König und Kaiser Friedrich II. und zur Kurie auf, so dass er mehrfach zwischen dem Herrscher und den Päpsten vermitteln konnte. Es war deshalb auch kein Zufall, dass er vom Nachfolger Innozenz' III., Honorius III., weit reichende Privilegien erwirkte. Der Papst ließ zwischen 1216 und 1227 immerhin 113 Urkunden für den Deutschen Orden ausfertigen, die vielleicht wichtigste im Januar 1221, als er den Orden mit Templern und Johannitern gleichstellte und ihn damit endgültig aus den lokalen und regionalen kirchlichen Strukturen löste.

In der Zeit Hermanns begann auch das weit gespannte militärische Engagement des Ordens. Nach seiner Teilnahme am Fünften Kreuzzug gelang es ihm, mit der Ordensburg Montfort bei Akkon ein neues Zentrum für den Einsatz im Heiligen Land zu schaffen. Schon zuvor war der Orden auch im Osten und Norden Europas aktiv geworden, zunächst 1211 mit der Schenkung des siebenbürgischen Burzenlandes durch König Andreas II. von Ungarn, dann mit dem Aufruf des polnischen Herzogs Konrad von Masowien um 1226, ihn gegen die heidnischen Prußen zu unterstützen.

Auch die Besitzentwicklung im Westen erhielt unter Hermann neuen Auftrieb, nachdem sie zunächst im Reich infolge der Doppelwahl von 1198 (des Welfen Ottos IV. und des Staufers Philipp von Schwaben) und der daraus resultierenden Konflikte nur langsam vorangegangen war. Schon das Hospital hatte möglicherweise Besitz in Böhmen erhalten, aber die erste eindeutig belegbare Schenkung im Westen ist die Übergabe des Thomashospitals in Barletta durch Heinrich VI. im Mai 1197. In Deutschland konnten nach der Umwandlung in einen Ritterorden weitere Stiftungen erworben werden, diese waren aber zunächst, wie 1200 in Halle, 1202 in Bozen und 1203 in Friesach, weiterhin mit dem Bau oder der Übernahme von Hospitälern verbunden. Dazu kamen bis 1209 Erwerbungen in den Kreuzfahrerstaaten Antiochia und Tripolis, in Armenien, Griechenland und auf Zypern. Die Beteiligung des Ordens am Fünften Kreuzzug führte im Reich und am Mittelmeer zu zahlreichen Schenkungen.

Die Erfüllung der Stiftungsaufgaben, Hospitalität und Heidenkampf, aber auch der Erwartungen der Stifter, die mit Schenkungen an eine ihren spirituellen Aufgaben nachkommende Institution auch für ihr eigenes Seelenheil sorgen wollten, erforderten die Ausbildung einer effizienten Besitzverwaltung. Die Brüder in den Herkunftsgebieten mussten die Brüder in den Einsatzgebieten, ob im Heiligen Land oder später im Baltikum, materiell und personell unterstützen. Dafür wurden die Besitzungen im Umfeld einzelner Häuser nach dem Vorbild anderer Orden, auch der Templer und Johanniter, zu Komtureien zusammengefasst. Die Komture wurden in einem längeren, bis

Ende des 13. Jahrhunderts weitgehend abgeschlossenen Prozess regionalen Landkomturen, als Verwaltern der größeren Einheiten, der Balleien, unterstellt.

Der früheste Beleg für einen Landkomtur ist der für Sizilien (1212); spätestens 1218 gab es einen Landkomtur für Deutschland. Nach den ältesten Statuten hatte er zunächst gegenüber den weiteren Landkomturen keine herausgehobene Stellung, die in Armenien, der Romania (d.h. im fränkischen Griechenland), Sizilien und Apulien, aber auch in Böhmen, Österreich, Spanien und der Lombardei eingesetzt wurden. Offenbar zeichnete sich jedoch bald die Notwendigkeit einer weiteren Hierarchieebene ab, um den wachsenden Besitz besser kontrollieren zu können. Ähnlich wie bei Templern und Johannitern berief man im Deutschen Orden um 1219 einen Meister für den Besitz jenseits des Meeres (*citra mare*), vielleicht vor dem Hintergrund der Teilnahme Hermanns von Salza am Fünften Kreuzzug. Diese Stellvertreterposition im Westen setzte sich aber nicht durch und verschwindet nach 1223 wieder aus den Quellen. Stattdessen gewann der Landkomtur für Deutschland an Bedeutung, auch wenn er seine führende Rolle im Reich (mit der Ausnahme Österreichs und Böhmens) nur langsam durchsetzen konnte. Als ihm 1235 ein weiterer Landkomtur untergeordnet wurde, entstand das Amt des Deutschmeisters, eine Zwischenstellung zwischen Hochmeister und Landkomtur.

Diese Entwicklung der Ordensstrukturen erforderte zweifellos auch eine Anpassung und Weiterentwicklung der Statuten der jungen Gemeinschaft. Dabei dürfte sich das unverbundene Nebeneinander von Templer- und Johanniterregel bald als problematisch erwiesen haben. Auf einen eigenen Weg deutet schon der Hinweis Innozenz' III. im Privileg von 1209 auf «bisher beachtete vernünftige Gewohnheiten» (Tabulae, 267), die neben den Statuten der beiden anderen Ritterorden und den Privilegien des Ordens genannt werden. Ähnlich bestätigte Honorius III. 1220 dem Orden nicht nur die als «Gewohnheiten» verstandenen Regeln, sondern auch weitere «Regelungen». Auf Bitten des Hochmeisters Gerhard von Malberg erteilte Papst Innozenz IV. dem Orden schließlich im Februar 1244 die Erlaubnis, die überkommenen, weder aufgrund ihres spirituellen Nutzens noch für die Ehrbarkeit erforderlichen Vorschriften den eigenen Bedürfnissen anzupassen. Dies war der Anstoß für die spätestens 1251 – wohl schon 1249 – abgeschlossene Revision der Statuten. Sie gliedern sich in der endgültigen Redaktion in die grundlegenden Regeln sowie Gesetze und Gewohnheiten, die danach durch wenige Gesetze der Generalkapitel und der späteren Hochmeister ergänzt wurden.

Ähnlich wie bei anderen Orden beginnt die Regel mit den drei mönchischen Gelübden, Keuschheit, Gehorsam und Armut. Zugleich werden aber auch der Spitaldienst und die militärischen Pflichten der Brüder hervorgehoben, die Verteidigung «gegen die Feinde des Kreuzes und des Glaubens [...] mit mancherlei Waffen und in manch einer Weise» (Statuten, 46). Neben den Übernahmen von den anderen Ritterorden zeigen sich in den disziplinarischen Vorschriften des Deutschen Ordens auch Entsprechungen zum Bettelorden der Dominikaner, deren Regel als Vorbild gedient haben könnte.

Die Regel und die Gesetze betreffen vor allem disziplinarische Fragen, die Gewohnheiten regeln vor allem die Ordensämter. Sie beginnen mit der Wahl des Hochmeisters, die auf einem Kapitel, der Versammlung der (einflussreichsten) Brüder, stattfinden sollte. Sie wurde durch ein Wahlmännergremium aus 13 Brüdern vorgenommen, das die verschiedenen Statusgruppen repräsentierte: die Ritter-, die Priester- und die ihnen untergeordneten Halbbrüder, aber auch die regionalen Gruppen im Orden. Ohnehin musste der Hochmeister als Primus inter Pares auf den Rat der anderen erfahrenen Brüder Rücksicht nehmen. Dazu zählten insbesondere die Inhaber der höchsten Ordensämter, die bald nach dem Vorbild der Johanniter entstanden und als «Großgebietiger» bezeichnet werden. Schon 1208 lassen sich Großkomtur, Marschall und Spittler nachweisen. Der Großkomtur war als Vertreter des Meisters für Versorgung, für die Finanzen allgemein und für die Brüder und die Abhängigen des Ordens zuständig, der Marschall besaß Sondervollmachten für die militärischen Aufgaben, und der Spittler war der Leiter des zentralen Spitals. Bis zur Mitte des 13. Jahrhunderts kamen noch der Trappier für das Tuchwesen (1228), der Tressler als Verwalter des Ordensschatzes (1240) und der Kastellan der Ordensburg Montfort hinzu (bis 1271). Sie alle amtierten zunächst im Haupthaus in Akkon oder Montfort, da die Nähe der beiden Standorte eine eindeutige Entscheidung überflüssig machte. Das Heilige Land bildete ohnehin lange das wichtigste Einsatzgebiet des Ordens.

3. Die Entwicklung im Mittelmeerraum bis zum Ende des 13. Jahrhunderts

Ungeachtet aller finanziellen Probleme und Versorgungsengpässe hielt der Deutsche Orden bis zum Fall Akkons im Mai 1291 an seinem Einsatz im Heiligen Land fest, auch wenn er die Situation am Ende – wie sich aus der vorzeitigen Verlagerung von Archiv und Kasse nach Venedig ergibt – pessimistischer als die beiden anderen großen Ritterorden einschätzte. Während des 13. Jahrhunderts entwickelte er sich zu einer internationalen Gemeinschaft mit Besitzungen im gesamten Mittelmeerraum.

Der Orden erscheint erstmals 1209 als eigenständige Kraft, als der Hochmeister an den Beratungen über die Verlängerung des Waffenstillstands der Kreuzfahrerstaaten mit Ägypten teilnahm, das Jerusalem kontrollierte. Trotz seines Scheiterns brachte dann der gegen Ägypten gerichtete Fünfte Kreuzzug dem Orden hohes Ansehen im lateinischen Westen ein. 1220 setzte sich Hermann von Salza nach dem Fall Damiettes zusammen mit dem König von Jerusalem, Johann von Brienne, für die Annahme des Friedensangebots des ägyptischen Sultans ein, wenn auch ohne Erfolg. Später setzte Hermann auf einen Angriff gegen Kairo, musste sich aber schließlich wie die anderen Teilnehmer des Feldzugs 1221 in Gefangenschaft begeben. Um die Freilassung des Kreuzheeres zu erreichen, bewegte er zusammen mit dem Meister der Templer die Besatzung von Damiette zur Aufgabe, ein Zeichen seines gestiegenen Ansehens. Der König dankte ihm für seine Haltung auf dem Kreuzzug mit der Erlaubnis, für den Orden ein Territorium nordöstlich von Akkon zu erwerben, und umfangreiche Stiftungen gingen ein.

Die enge Zusammenarbeit mit Friedrich II. führte Hermann noch während des Kreuzzugs 1220 an die Kurie, um mit Honorius III. über Friedrichs Kaiserkrönung zu verhandeln. Er war auch an den Kreuzzugsvorbereitungen des Kaisers beteiligt und gewann den Landgrafen Ludwig IV. von Thüringen für die Teilnahme. Als Friedrich den Kreuzzug 1227 wegen einer Epidemie im Heer abbrechen musste und dafür – nach jahrelangen Verzögerungen bei der Erfüllung seines Kreuzzugsgelübdes – vom Papst mit dem Bann belegt wurde, stand Hermann weiter zu ihm. Er begleitete ihn auch auf seinem Kreuzzug und beim Einzug in Jerusalem im März 1229, während nicht nur der Patriarch von Jerusalem, sondern auch die Templer und Johanniter dem Kaiser feindlich gegenüberstanden. Hermann nahm dabei wesentlich auf die verkürzte Krönungszeremonie in der Grabeskirche Einfluss, bei der sich Friedrich selbst die Krone des Königreichs Jerusalem aufsetzte – obwohl der Kaiser ungeachtet des Banns wohl lieber mit kirchlichem Zeremoniell gekrönt worden wäre. Der Lohn Hermanns war die Übertragung des alten Marienhospitals und des Hauses König Balduins beim Davidsturm in Jerusalem. Allerdings verwickelte ihn die enge Bindung an den Staufer nicht nur in die späteren Kämpfe um die staufische Regentschaft – für Friedrichs Sohn aus der Ehe mit Isabella von Brienne, Konrad IV. –, die zu einer längeren Belagerung des Ordenshauses in Akkon führten, sondern auch in die europäischen Auseinandersetzungen zwischen Kaiser und Papst.

Hermann von Salza gelang es 1230 noch einmal, den Konflikt zwischen Friedrich II. und Gregor IX. zu schlichten, doch blieben die vor allem in der Italienpolitik Friedrichs begründeten Spannungen bestehen und führten im März 1239 zum zweiten, nunmehr endgültigen Bann des Kaisers. Hermann starb im selben Monat in Salerno. In der Folge kam es zu inneren Konflikten im Orden, nachdem auch der Nachfolger Hermanns von Salza, Konrad von Thüringen, nach kaum einem Jahr im Amt im Juli 1240 verstorben war. Der neue Hochmeister, Gerhard von Malberg, distanzierte sich von Friedrich II., ließ sich 1243 von Papst Innozenz IV. mit einem Ring investieren und leistete ihm einen – sonst für den Orden nicht belegten – Treueid.

Bald nach seiner Ankunft im Heiligen Land kam es jedoch zum Konflikt mit den anderen Ordensbrüdern. Gerhard musste im Frühjahr 1244 zurücktreten und floh mit seinen Anhängern zu den Templern. Diese nahmen ihn jedoch nicht auf. Er kehrte im Frühjahr 1245 nach Deutschland zurück und ist zeitweilig sogar wieder im Orden nachweisbar. Auch der neu gewählte Hochmeister Heinrich von Hohenlohe konnte nicht mehr an einer pro-staufischen Position festhalten, so dass Friedrich dem Orden allen Besitz im Königreich Sizilien entzog, eine Verfügung, die er erst auf dem Totenbett 1250 rückgängig machte. Nach Heinrichs Tod 1249 kam es im Orden sogar zu einer Doppelwahl, die aber angesichts des nachlassenden staufischen Einflusses ohne Folgen blieb.

Während sich die großen Ritterorden 1258 im «Krieg von St. Sabas», der von den italienischen Seestädten geführt wurde, fast in einen Kampf gegeneinander verwickeln ließen, machte die Lage im Heiligen Land ihre Zusammenarbeit unumgänglich. So erklärten bereits im Oktober 1258 die Meister der Templer, der Johanniter und des Deutschen Ordens ihre Konflikte im Heiligen Land für beendet, legten ein Verfahren für den Ausgleich fest und beschlossen ein gemeinsames Vorgehen gegen die nichtchristlichen Gegner. Dazu gehörten Absprachen über den Einsatz von Truppen im Königreich Jerusalem jenseits des Jordans. Diese Übereinkunft wurde im März 1275 von Papst Gregor X. erneuert und bestätigt.

Die Situation in den verbliebenen Stützpunkten der Kreuzfahrer ließ den Ritterorden immer weniger Spielraum für militärische Unternehmen. Im Deutschen Orden bildete sich eine Fraktion, die den Schwerpunkt der Aktivitäten in das vom Orden seit 1231 eroberte Preußen verlegen wollte. Dagegen standen die unter Hochmeister Anno von Sangerhausen (1256–1273) durch das Generalkapitel weiter verschärften Statuten, die den Meister weitgehend an das Hauptquartier im Heiligen Land banden. So führte noch Hochmeister Burchard von Schwanden 1290 – gegen den Widerstand des Deutschmeisters Konrad von Feuchtwangen – rund 40 Brüder und 400 Kreuzfahrer ins Heilige Land. Als er dabei nicht die erhoffte Unter-

Prägeform mit Adlerschild und Lilie, um 1230. Gipsabguss eines Bodenfundes in Montfort. Das Original befindet sich im Israel Museum, Jerusalem.

stützung fand und seine Kontingente nichts mehr ausrichten konnten, trat er zurück, verließ den Orden und ging zu den Johannitern. Bis zum Fall von Akkon im Mai 1291 beteiligte sich der Deutsche Orden wohl an den Kämpfen, war aber ohne eigentliche Leitung.

Im Heiligen Land verfolgten die Brüder fast bis zuletzt einen planmäßigen Ausbau des Ordensbesitzes. Ausgangspunkt war eine Schenkung Herzog Leopolds VI. von Österreich, die Hermann von Salza den Erwerb der «Hennebergischen Erbschaft», der so genannten Seigneurie de Joscelin, von den Erben des Grafen Joscelin III. von Edessa erlaubte. Zwischen 1228 und 1230 baute der Orden dort die neue Hauptburg Montfort mit Außenmauern von 450 Metern Länge aus. Daneben erwarb er Besitzungen in den größeren Hafenstädten und zwischen 1253 und 1261 auch einen Anteil an der Herrschaft Sidon, der jedoch 1268 wieder verloren ging. Nachdem bei der ersten Belagerung Montforts 1266 die Umgebung der Burg verwüstet worden war, wurde ihre Versorgung aus dem Umland unmöglich, so dass die Ordensfestung 1271 kampflos dem mamlukischen Sultan Ägyptens übergeben werden musste. Doch um 1273 bemühte sich der Orden erneut um eine territoriale Basis. Unter erheblichen finanziellen Bemühungen gelang 1280 der Erwerb der Herrschaft Scandalion nicht weit von Montfort, doch konnte auch dieser Besitz nicht mehr lange gehalten werden.

Der Deutsche Orden hatte auch Besitzungen in anderen Kreuzfahrerterritorien des östlichen Mittelmeers, in denen er dieselben Aufgaben wie im Heiligen Land wahrnehmen sollte. Zu den frühesten Erwerbungen könnte Besitz auf der Peloponnes gehören, die – wohl ohne Beteiligung des Ordens – in der Folge des Vierten Kreuzzugs von 1204 /05 von lateinischen Kreuzfahrern erobert worden war. Die «Chronik von Morea» erwähnt zu 1209 eine Versammlung des lateinischen Fürstentums Achaia zu Andravida, auf der der Orden vier Ritterlehen bei Kalamata erhielt. Dieser Kern des Ordensbesitzes lag wahrscheinlich in der Nähe der venezianischen Stützpunkte Corone und Modone, auch wenn die genaue Lage des Verwaltungszentrums Mostenitsa unbekannt ist. Pläne zur Ansiedlung in Andravida (1237/41) ließen sich nicht umsetzen, doch ist bereits 1236 ein eigener Landkomtur für Griechenland (*Romania*) belegt, ein Amt, das nach 1278 zeitweilig mit dem in Apulien verbunden war. Die Erneuerung des Byzantinischen Kaiserreichs und dessen Rückeroberung von Teilen der Peloponnes (1259 /61) schränkte jedoch die Möglichkeiten des Ordens ein, der sich im Folgenden kaum mehr in Griechenland engagierte.

Ebenfalls bereits 1209 bestätigte Innozenz III. dem Orden den Besitz zweier befestigter Häuser oder Burgen in (Klein-)Armenien. König Leo II. benötigte ein Gegengewicht zu den Templern im Kampf um die Nachfolge im Fürstentum Antiochia, und so stattete er den Orden bei einem Besuch Hermanns von Salza 1211/12 mit der strategisch gelegenen Burg Amuda und Handelsfreiheit im gesamten Königreich aus. Zusammen mit einer weiteren Schenkung Het'ums I. von 1236 entstand ein nahezu geschlossenes Ordensterritorium an der Grenze zu Syrien, wenn auch nur bis zu den mamlukischen Angriffen auf Armenien 1266 /75 – dabei wurden 1266 offenbar auch Brüder des Ordens mit der Besatzung von Amuda ermordet. Danach gibt es keine Belege mehr für eine Präsenz in Armenien.

Anders als im Fall der Besitzungen in Griechenland und Armenien hatten die Schenkungen im westlichen Mittelmeer vor allem den Zweck, die Aktivitäten des Ordens im Einsatzgebiet zu unterstützen. Am umfangreichsten war der Ordensbesitz in Italien, vor allem in Apulien und auf Sizilien. Gerade die seit 1212 belegte Ballei Sizilien spielte – wie bei den anderen Ritterorden – eine wichtige Rolle für die Versorgung des Heiligen Landes. Der Ordensbesitz wurde auch durch das Ende der Stauferherrschaft kaum beeinträchtigt.

In Mittelitalien war der Orden in Rom, Viterbo, Orvieto und Montefiascone präsent, doch mit der zeitweiligen Ausnahme Viterbos diente der Besitz vor allem der Finanzierung der Aufgaben des Generalprokurators, also des ständigen Vertreters des Ordens an der Kurie, der seit 1257 nachgewiesen ist. Im Norden Italiens spielte Venedig bereits seit 1208 eine wichtige Rolle, nicht zuletzt für die Transporte ins Heilige Land. Bis 1240 entstand hier die Ballei Lombardei.

Dazu kamen im Mittelmeerraum Häuser in Spanien und Frankreich: die vielleicht schon 1222 übertragene Komturei La Mota nordwestlich von Tordesillas als Sitz des Landkomturs in Spanien (spätestens 1255) und kleinere Besitzungen bei Sevilla und Cordoba sowie Besitzrechte in Montpellier und Arles. Aus Schenkungen in der Champagne wurde bis 1225 die – nicht immer eigenständig bestehende – Ballei Frankreich gebildet. Eine weitere Internationalisierung wurde jedoch durch die zeitweilig sehr enge Bindung an die Staufer verhindert. In der Regel wurden deutschsprachige Brüder in die Häuser am Mittelmeer entsandt, während sich der Orden stärker nach Nordosten hin orientierte.

4. Die Anfänge im Reich des 13. Jahrhunderts

Die Gründung wahrscheinlich durch niederdeutsche Kaufleute sowie die frühe Förderung durch die Staufer hatten schon für das Marienhospital zu Akkon die Konsequenz, dass es Stiftungen vor allem aus dem Reich erwarten konnte. Dies macht auch die Reise eines seiner Leiter, Ulrich, nach Thüringen 1195 deutlich, der dort vermutlich um Unterstützung warb. Ungeachtet der umfangreichen Schenkungen im weiteren Mittelmeerraum war das Reich auch für die Aktivitäten des 1198 entstandenen geistlichen Ritterordens die materielle und personelle Basis.

Die Ordenstradition hat die Anfänge des Ordensbesitzes in Deutschland mehrfach ins 12. Jahrhundert zurückverlegt, ohne dass sich das im Einzelnen bestätigen ließe. Nach den frühen Hospitalstiftungen (ab 1200), die eher eine ideelle Brücke schlagen, markiert die Förderung durch Friedrich II. seit 1214 den Beginn einer Welle von Schenkungen. Die Nähe zu den Staufern und ihren Anhängern trug dazu bei, dass der Ordensbesitz im Süden des Reiches, zwischen dem Elsass und Franken bzw. Thüringen, am dichtesten war, doch gab es auch Schwerpunkte im Nordwesten und Osten. Friedrich selbst übertrug dem Orden zwischen 1214 und 1219 Güter im Elsass, in Thüringen, Franken und Südtirol, die Ministerialen von Münzenberg schenkten dem Orden 1218 das Hospital zu Sachsenhausen in der Nähe Frankfurts, die Grafen von Hohenlohe 1219 den Ort Mergentheim. Hier wie anderenorts wurde der Ordensbesitz in Komtureien zusammengefasst, auch wenn diese – je nach dem «Kern» der Stiftung: Hospital, Pfarrkirche, Burg, Ort usw. – sehr unterschiedlichen Charakter hatten, und aus ihnen wurden wiederum Balleien gebildet.

Obwohl den Deutschmeistern, deren Amt in einem längeren Prozess aus dem des Landkomturs für Deutschland hervorging, 1235 eine erste und bald weitere Balleien unterstellt wurden, kontrollierten sie nie den gesamten Ordensbesitz im Reich. Vielmehr gab es mehrere eigenständige Balleien, die direkt von der Ordensleitung abhängig waren und zur Finanzierung der zentralen Aufgaben des Ordens beitrugen. Das gilt zunächst für die Ballei Böhmen, deren Gründung 1233 wohl unmittelbar mit der Mission des Ordens in Preußen zusammenhing, die von den reichen, schon früh erworbenen böhmischen Besitzungen erheblich materiell unterstützt wurde. Ähnlich entstand 1236 die Ballei Österreich mit Häusern in Österreich, Steiermark und Krain zur Sicherung der Alpenübergänge und der über Venedig verlaufenden Verbindungen ins Heilige Land. Ohne größere Bedeutung war dagegen zunächst die Bildung einer Ballei um das Ordenshaus Bozen in Südtirol, dessen Leiter schließlich zum Landkomtur aufstieg, aber ebenfalls nie dem Deutschmeister unterstand.

Ähnlich wie im Falle Bozens entwickelte sich auch die Ballei Koblenz um die Mitte des 13. Jahrhunderts um das namengebende Ordenshaus, selbst wenn der Koblenzer Komtur selten als Landkomtur erscheint. Der reiche niederrheinische Ordensbesitz, dessen Erträge aus dem Weinbau im Westen über das bald an Koblenz angeschlossene Haus in Mecheln verkauft wurden, blieb anders als später im 13. Jahrhundert im Wesentlichen unter der Kontrolle des Deutschmeisters. Dieser konnte seine Stellung im Reich festigen, als ihm auch der oberrheinische Besitz des Ordens nach der Bildung der Ballei Elsass-Burgund 1235 unterstellt blieb. Schon ein Jahr danach, vielleicht auf dem Generalkapitel 1236 in Marburg, wurde die Ballei Thüringen-Sachsen begründet (1283/87 geteilt), ebenfalls in Abhängigkeit vom Deutschmeister. Weitere deutschmeisterliche Balleien bildeten sich in Lothringen, Westfalen und um das Ordenshaus Marburg, das durch die Verehrung der heiligen Elisabeth von Thüringen einen besonderen Rang hatte und zeitweilig fast so etwas wie das Zentrum des Ordens im Reich bildete.

Der umfangreiche Ordensbesitz in Franken, Schwaben, Bayern und um Frankfurt wurde lange direkt vom Deutschmeister verwaltet. Erst zu 1268 ist der erste Landkomtur in Franken belegt, der bald auch die Häuser in Bayern und Schwaben kontrollierte. Am Ende des 13. Jahrhunderts blieb jedoch eine Reihe von Komtureien übrig, die sich der Deutschmeister vorbehielt, darunter die Burg Horneck im Neckarraum als einer seiner Sitze sowie Mainz, Speyer, Prozelten und Sachsenhausen.

Da meist genauere Informationen fehlen, lässt sich wenig dazu sagen, wie der Einsatz im Heiligen Land, in Ungarn oder spater in Preußen vom Reich aus unterstützt wurde. Zwar fehlen auch die Angaben über «Responsionen», die regelmäßigen Abgaben der Ordenshäuser im Westen, wie sie für die anderen großen Ritterorden belegt sind, doch wurden die erheblichen Ausgaben für den Unterhalt und die Ausstattung der Ordenskontingente, für den Erwerb von Grundbesitz und den Ausbau von Befestigungen zweifellos aus den Überschüssen der Komtureien im Mittelmeerraum und im Reich finanziert, wie dies das Beispiel Böhmen belegt.

Ebenso eindeutig ist die personelle Unterstützung, die nicht nur die Einsatzgebiete im engeren Sinne, sondern auch die Deutschordenshäuser außerhalb des Reiches, etwa in Italien, betraf. Die Rekrutierung von neuen Brüdern war eigentlich Sache des Kapitels bzw. des Hochmeisters, doch dürften bald die Komture und Landkomture eine zentrale Rolle gespielt haben. Während es für das 14. und 15. Jahrhundert eine deutliche Trennung zwischen der Rekrutierung für Preußen und Livland sowie der für das Reich gab, ist es für das 13. Jahrhundert nicht klar, inwieweit die Karrieren getrennt verliefen. So oder so bedurfte der Einsatz im östlichen Mittelmeerraum wie im Baltikum des materiellen und personellen Engagements weiter Kreise des Adels und der Bürger im Reich.

5. Der Deutsche Orden in Siebenbürgen

Die geistlichen Ritterorden, Templer wie Johanniter, waren schon seit der Mitte des 12. Jahrhunderts in Ungarn und Kroatien vertreten und von den ungarischen Königen mit Besitz ausgestattet worden. Es war jedoch der noch junge Deutsche Orden, der im Frühjahr 1211 von Andreas II. ins Land geholt wurde mit dem Auftrag, Ungarn gegen das noch heidnische Turkvolk der Kumanen zu schützen und das Reich auszuweiten, auch wenn seine Mission nur eine Episode bleiben sollte.

Der König verlieh dem Orden das Burzenland in Siebenbürgen zu dauerndem und freiem Besitz, erlaubte die Einrichtung von Märkten und die Erhebung von Abgaben, die Errichtung von Holzburgen und aus Holz erbauten Städten sowie die Ausbeutung von Metallvorkommen, an denen allerdings die königliche Kammer angemessen zu beteiligen war. Das als menschenleer und wüst beschriebene Gebiet und die vom Orden zu gewinnenden Siedler wurden allein der Jurisdiktion des Königs unterstellt und von allen Verpflichtungen gegenüber dem königlichen Amtsträger, dem Woiwoden von Siebenbürgen, befreit. Vielmehr sollte der Orden selbst die Richter einsetzen. Die Brüder wurden schließlich durch einen Königsboten in ihr Gebiet eingeführt. Diese Rechte wurden ein Jahr später, im Frühjahr 1212, noch einmal erweitert angesichts der Tatsache, dass sich der Orden bereits als fester «Schutzschild» des Reiches erwiesen hatte (Zimmermann, Orden, 165). Die Brüder unter der Leitung ihres Meisters Dietrich wurden nunmehr von den Abgaben an die königlichen Münzmeister befreit, konnten also eigenständig Münzen prägen lassen. Wohl 1215 erhielten sie schließlich die von ihnen neu errichtete Kreuzburg als Besitz bestätigt. Bereits 1213 hatte der Bischof von Siebenbürgen, Wilhelm, den Orden von der Abgabe des Zehnten befreit und die eigenständige Einsetzung von Pfarrern erlaubt.

Es stellt sich die Frage, warum gerade der junge, 1211 weder im Heiligen Land noch im Reich fest etablierte Deutsche Orden zur Verteidigung und Expansion Ungarns gerufen und so weitreichend mit Rechten ausgestattet wurde. Die traditionelle, sicher auch zutreffende Antwort verweist auf den Einfluss der aus dem Reich stammenden Königin Gertrud von Andechs-Meranien und der deutschen Berater am ungarischen Königshof. Tatsächlich dürfte auch die Nähe des aus Thüringen stammenden Hochmeisters Hermann von Salza zum deutschen Adel eine Rolle gespielt haben. Neuere archäologische Forschungen legen allerdings nahe, dass der Bereich der vom Orden errichteten Marienburg schon seit der Mitte des 12. Jahrhunderts von nach Ungarn gerufenen deutschen Siedlern bewohnt war. Offenbar war das Burzenland nicht so menschenleer und wüst, wie die Urkunden es beschreiben – wohl auch, um die Privilegien für den Orden zu rechtfertigen. Wenn es aber dort deutsche Siedler gab, lag es zweifellos nahe, einen wesentlich vom Reich aus unterstützten geistlichen Ritterorden zu Hilfe zu rufen.

Das Wirken des Ordens scheint aber bald zu Spannungen geführt zu haben, für die verschiedene Ursachen genannt werden können. Zum einen kam es schon 1213 am ungarischen Hof zu einer Adelsrebellion, in deren Folge die Königin ermordet wurde und die deutschen Berater ihren Einfluss verloren. Der ungarische Adel setzte den König unter Druck und erzwang die königliche Freiheitsurkunde, die Goldene Bulle von 1222. Zum anderen könnte Andreas' Teilnahme am Fünften Kreuzzug nach seiner Rückkehr 1218 zu einer stärkeren Zuwendung zu Templern und Johannitern geführt haben, denen 1222 auch die Goldene Bulle Andreas' II. zur Sicherung übergeben wurde. Wahrscheinlich spielten daneben auch Missverständnisse um die Verleihungen von 1211 bis 1215 eine Rolle, die vom Orden als Anerkennung weit gehender Selbstständigkeit ausgelegt werden konnten. Als der König dem Orden im Frühjahr 1222 erneut alle Rechte bestätigte und neue hinzufügte, erinnerte er jedenfalls daran, dass er den Brüdern bereits einige Zeit vorher, vielleicht 1221, einmal in ungerechtem Zorn ihren Besitz entzogen habe. Die Neuverleihung verstand sich deshalb auch als Entschädigung, die den Ordensbesitz über die Karpathen bis zur Donau ausweitete, den Handel von bestimmten Abgaben befreite und dem Orden die Einkünfte aus einer jährlich erneuerten Münze zugestand. Allerdings durfte die Münzprägung nur mit königlicher Erlaubnis erfolgen, und der Orden sollte keine Siedler aufnehmen, die von königlichen Gütern kamen.

Dieser wohl auch vom Adel mitgetragene Ausgleich war jedoch nicht von Dauer. Eine Ursache mag das Misstrauen des Ordens gegenüber den königlichen Privilegien gewesen sein, die er schon im Dezember 1222 durch päpstliche Bestätigungen abzusichern suchte. Basierend auf der allgemeinen Exemtion des Ordens aus der Jurisdiktion der Bischöfe, erwirkten die Brüder darüber hinaus im Januar 1223 ein Privileg Papst Honorius' III., das das Burzenland aus dem bisher zuständigen Bistum löste und – bis zum Erreichen der Einwohnerzahl für die Einrichtung eines Bistums als erstem Schritt zur Eigenständigkeit – einem Archidiakon unterstellte.

Der Orden ging aber noch einen Schritt weiter und stellte sich damit klar gegen die Intentionen des ungarischen Königs. Im April 1224 ließ er das Burzenland durch Honorius zum Eigentum der römischen Kirche erklären und gegen die Zahlung eines Zinses unter päpstlichen Schutz stellen. Auf ungarischer Seite dürfte ein Element hinzugekommen sein, das erst die jüngere regionale Forschung hervorgehoben hat. Während der Orden selbst erst später auch die Mission der Kumanen unter seinen Aufgaben nennt, führte die kumanische Niederlage gegen die Mongolen 1222 zu einer Annäherung der Kumanen an Ungarn, die am Ende, seit 1227, eine friedliche Christianisierung ermöglichte, der der Orden möglicherweise entgegengestanden hätte.

Unter dem Vorwurf, die verliehenen Rechte missbraucht zu haben, gingen König und Adel schließlich seit Anfang 1225 militärisch gegen den Orden vor, besetzten einen Teil seines Territoriums und zumindest eine der Burgen, töteten Brüder und selbst einige der Siedler. Trotz päpstlicher Proteste wurde der Deutsche Orden schließlich bis zum Oktober 1225 ganz aus dem Land vertrieben. Alle Versuche der Päpste und des Ordens, vom ungarischen König die Rückgabe des Burzenlands zu erwirken, blieben ohne Ergebnis. Die Erfahrungen des Ordens im Burzenland aber, bei der Erschließung des Landes sowie bei seiner Absicherung, sollten wesentlich sein Vorgehen bei der Eroberung Preußens bestimmen.

6. Der Erwerb Preußens und Livlands

Der Deutsche Orden wurde in Ungarn 1211 erstmals an den östlichen Grenzen der lateinischen Christenheit eingesetzt. Innerhalb weniger Jahre kam es danach zu einem wesentlich folgenreicheren zweiten Ruf: dem ins Baltikum. Nach der Vertreibung aus Ungarn konnten die Brüder hier eine weitgehend eigenständige Herrschaft etablieren. Die ältere Forschung hat gemeint, Hochmeister Hermann von Salza habe für den Deutschen Orden von Anfang an auf «Staatsbildung» gesetzt, im Heiligen Land um Montfort wie im ungarischen Burzenland, in Preußen wie in Livland. Mit dieser Sichtweise wird jedoch der lange noch nicht abgeschlossene Prozess der Herrschaftsbildung vorausgesetzt und zudem ein Staatsbegriff benutzt, der eher dem 19. als dem 13. Jahrhundert angehört. In Preußen wie in Livland ging es zunächst um die Erfüllung der Stiftungsaufgabe, um «Heidenkampf» und den Schutz der Christenheit, und dafür erhielt der Orden Rechte und Privilegien verliehen, die er nur allmählich nutzen und etablieren konnte. Das Auftreten des Deutschen Ordens und anderer Ritterorden im Baltikum stand keineswegs am Anfang der in dieser Region unternommenen deutschen, polnischen und dänischen Missionsversuche, es bildete vielmehr die letzte Option in einem durch Rückschläge gekennzeichneten Prozess der Christianisierung. Die zur baltischen Sprachfamilie gehörenden Prußen (diese den Quellen nahestehende Namensform soll hier zur Unterscheidung vom «Neustamm» der Preußen verwandt werden), Litauer und Letten bildeten zusammen mit den finnougrischen Liven und Esten einen heidnischen Block, der sich lange allen Bekehrungsversuchen entzog. Bei den Prußen im Gebiet zwischen Danzig und Königsberg waren schon Bischof Adalbert von Prag und der sächsische Missionar Brun von Querfurt gescheitert. Sie fanden 997 und 1009 bei ihrem Missionsunternehmen den Märtyrertod. Polnische Pläne insbesondere des 12. Jahrhunderts ließen sich nicht umsetzen. So begann die Christianisierung im Baltikum um 1170 bei den Letten und Liven auf dem Gebiet des modernen Lettland.

Die Mission in Livland erfolgte – ähnlich wie später in Preußen – in drei Schritten. Den Anfang machten von deutschen Kaufleuten und vom Erzbischof Hartwig II. von Hamburg-Bremen (1185–1207) getragene friedliche Bemühungen, die Bewohner des Dünagebiets für das Christentum zu gewinnen. Zwar wurde 1186 mit Meinhard der erste Bischof von Livland berufen, doch stießen er und seine Nachfolger auf wachsende Schwierigkeiten, die neue Religion dauerhaft zu etablieren. 1195 wurde deshalb – im zweiten Schritt – ein erstes Kreuzzugsprivileg gegen die Liven erwirkt, das Innozenz III. 1198 erneuerte. Während der zweite Bischof Berthold auf dem Kreuzzug den Tod fand, setzte sein Nachfolger Albert, ein Verwandter Hartwigs, die Kreuzzugsunternehmen zur gewaltsamen Durchsetzung des Christentums fort. Im dritten Schritt entstand schließlich 1202 der Schwertbrüderorden (*Fratres milicie Christi de Livonia*), der von Innozenz III. bestätigt wurde und den Bischof dauerhaft bei den Kämpfen unterstützen sollte.

Obwohl die zumeist aus Norddeutschland stammenden

Schwertbrüder dem Bischof untergeordnet blieben, begannen sie zur Stärkung ihrer Position bald mit dem Erwerb von Herrschaftsrechten. Schon 1207 trat ihnen Bischof Albert ein Drittel seines Territoriums ab, und auch in den zwischen 1224 und 1234 gegründeten Bistümern Dorpat, Ösel-Wiek und Kurland erhielten sie Anteile an der Herrschaft, in Kurland sogar zwei Drittel des Territoriums. Zeitweilig griffen sie selbst im durch die deutsche und dänische Mission erfassten, seit 1219 unter dänischer Herrschaft stehenden Estland ein. Als die Schwertbrüder im Mai 1236 in der Schlacht bei Saule gegen die Litauer eine schwere Niederlage erlitten, bei der ihr Meister und ein großer Teil der Brüder umkamen, verfügte Papst Gregor IX. 1237 die Inkorporation in den Deutschen Orden. Der Hochmeister sandte Hermann Balk, den Landmeister des Deutschen Ordens in Preußen, nach Livland. Der Orden trat hier ein problematisches Erbe an, das immer wieder zu Konflikten führen sollte, weil das Verhältnis zum (Erz-)Bischof von Riga nie abschließend geklärt wurde und sowohl die Stadt Riga wie die livländischen Bischöfe ihre eigenständige Stellung wahren konnten.

Auch in Preußen setzten um 1200 neue Missionsversuche ein. So erlaubte Papst Innozenz III. 1206 dem Abt des polnischen Zisterzienserklosters Łekno die friedliche Mission in diesem Gebiet und erhob einen seiner Mönche, Christian, 1215 zum ersten Bischof der Prußen. Ähnlich wie in Livland verlief jedoch die Christianisierung nicht friedlich. Vielmehr kam es bald zu gewaltsamen Auseinandersetzungen zwischen noch heidnischen Prußen und Neubekehrten, so dass man zum Kreuzzug aufrief. Allerdings blieben mehrere Kreuzzüge, in den Jahren 1222 und 1223 auch unter Beteiligung der Herzöge Heinrich von Schlesien, Konrad von Masowien und Swantopolk und Wartisław von Pommerellen, ohne Erfolg. Vielmehr führten prußische Gegenangriffe zu erheblichen Opfern und Verwüstungen in Masowien und Pommerellen, unter anderem zur Zerstörung des Klosters Oliva 1224 und 1226.

Als *ultima ratio* blieben dem Bischof und den Fürsten wiederum nur der Einsatz oder die Gründung eines geistlichen Ritterordens zur Stabilisierung der Situation. Die Johanniter hatten schon im 12. Jahrhundert Besitz in Dänemark und Schlesien erhalten, und die Templer waren unter anderem in Großpolen, im Raum um Posen, zum Grenzschutz angesiedelt worden. Beide Orden spielten jedoch für die Christianisierung der Prußen keine Rolle. Vielmehr wandte sich Konrad von Masowien 1225/26 an den Deutschen Orden, vielleicht auf Anregung des schlesischen Herzogs Heinrich, der dem Orden 1224 Besitz in seinem Herrschaftsgebiet geschenkt hatte. Nach dem Scheitern des Einsatzes in Ungarn und vielleicht auch angesichts des bevorstehenden Kreuzzugs Friedrichs II. ins Heilige Land reagierte der Orden jedoch zurückhaltend. Er sicherte sich zwar durch ein kaiserliches Privileg ab, durch die Goldene Bulle von Rimini vom März 1226, die auch den genannten Hilferuf des masowischen Herzogs überliefert. Aber es kam vorerst zu keinem konkreten Eingreifen des Ordens in Preußen.

Um 1228 war jedenfalls offenbar die prußische Bedrohung so groß geworden, dass man nach anderen Lösungen suchte. Herzog Swantopolk rief zu dieser Zeit, vielleicht auf Vorschlag der Zisterzienser von Oliva, den spanischen Ritterorden von Calatrava nach Thymau bei Mewe in Pommerellen, ohne dass dies jedoch weit reichende Konsequenzen hatte. Dagegen gründeten Herzog Konrad von Masowien, Bischof Gunter von Płock und Bischof Christian 1228 den Orden von Dobrin (auch *Milites Christi de Prussia*), den Konrad mit der gleichnamigen Burg und Ländereien zur Versorgung ausstattete, um den Kampf gegen die Prußen aufzunehmen.

Die Gruppe von 15 namentlich bekannten Brüdern rekrutierte sich aus Mecklenburg und Niedersachsen, erhielt jedoch außer von einigen Siedlern kaum Verstärkung und konnte sich nur mit Mühe in Dobrin halten. Als dem Deutschen Orden nach seiner Ankunft in Preußen größere Eroberungen gelangen, verlor die Gemeinschaft auch für Konrad und den neuen Bischof Peter von Płock an Bedeutung. Bischof und Papst verfügten daher 1235 die Inkorporation des Ordens in den Deutschen Orden, Dobrin wurde an Konrad zurückgegeben. Einige der Ritter unter ihrem Meister Bruno wollten sich zwar nicht dem Deutschen Orden anschließen, doch ihr Einsatz in Drohiczyn an der Grenze zum russischen Fürstentum Halicz-Vladimir scheiterte innerhalb eines Jahres.

Konrad setzte auch nach 1228 weiterhin auf den Deutschen Orden und kam den Brüdern bis 1230 immer stärker entgegen. Als Mitglied der polnischen Dynastie der Piasten versprach er sich von einem von ihm angeführten Erfolg gegen die heidnischen Prußen zweifellos eine Erhöhung seiner Stellung, die es ihm erlauben würde, Anspruch auf die seit 1138 erloschene polnische Königswürde zu erheben. So verlieh er dem Orden – auch wenn die Echtheit einiger Urkunden bis heute in Frage gestellt wird – das Kulmer und das Löbauer Land, die sich zu diesem Zeitpunkt mindestens teilweise in prußischer Hand befanden, und übergab dem Orden 1229 /30 Orlow und Nessau am linken Weichselufer als Ausgangspunkt für die militärischen Unternehmen. Der Einsatz des Ordens begann jedoch frühestens 1230, denn für die Brüder hatte das Heilige Land noch immer Priorität. Insbesondere der Kreuzzug Friedrichs II. dürfte zu weiteren Verzögerungen geführt haben.

Andererseits setzte der Orden nunmehr auf den Kaiser, um seine im Baltikum erworbenen Rechte abzusichern. Die Goldene Bulle von Rimini liegt nach neueren Erkenntnissen heute in einer Fassung vor, die nach dem März 1226 erneuert wurde, wohl 1234/35, und auf spätere Entwicklungen Rücksicht nimmt. So bestätigt Friedrich den Brüdern darin nicht nur den Besitz der zu erobernden prußischen Gebiete, sondern im Prinzip bereits die zwischen 1228 und 1230 erfolgten Schenkungen Konrads. Zudem setzt die Gleichstellung des Ordens mit den Reichsfürsten die Fürstenprivilegien Friedrichs II. und seines Sohnes Heinrich (VII.) von 1231/32 voraus, denn die Hochmeister erhielten «die Gerichtsbarkeit und Amtsgewalt […], die, wie man weiß, jeder Reichsfürst auf beste Weise in dem Land hat, das er besitzt» (nach Erich Weise in: Quellen und Studien zur Geschichte, 1, 26). So erhielten die Brüder Boden-, Wasser-, Zoll-, Markt-, Münz-, Bergbau- und Steuerrechte. Diese Rechte waren keineswegs einfach ein Programm für die Zukunft, das nur noch Schritt für Schritt umgesetzt werden musste. Vielmehr ließen sich die Brüder alle erdenklichen Rechte verleihen, wie das in Preußen gar nicht relevante Bergbauregal, selbst wenn noch nicht klar war, ob sie umgesetzt werden konnten.

Friedrichs Verleihung stand im Kontext eines allgemeineren Engagements im Ostseeraum. Er hatte schon 1224 die heidnischen Völker dort zur Annahme des Christentums aufgefordert. Er agierte damit als Weltherrscher, der seiner Aufgabe der Sicherung und Ausbreitung des Christentums nachkam. Die Goldene Bulle machte Hochmeister und Orden aber keineswegs zu Reichsfürsten, wie die ältere Forschung den nicht eindeutig überlieferten Text verstanden hat. Vielmehr war Preußen nach der Urkunde selbst nur «in die Monarchie des Kaisertums einbegriffen» (ebd.), nicht Teil des Reiches im engeren Sinne, was die Sonderrolle der Region bis in die Zeit des Deutschen Bundes im 19. Jahrhundert und auch die Königskrönung Friedrichs III. von Brandenburg 1701 in Preußen erklärt. Dennoch entwickelte sich die Goldene Bulle von Rimini im Folgenden zu einer zentralen Grundlage der Ordensherrschaft.

7. Die Frühzeit der Ordensherrschaft und der Abschluss der Christianisierung Preußens

Mit den dem Orden verliehenen Privilegien war zwar eine rechtliche Grundlage geschaffen, doch bedurften sie der Umsetzung durch ein erfolgreiches Vorgehen gegen die heidnischen Prußen. Spätere Legenden um die Burg «Vogelsang» bei Thorn südlich der Weichsel und die erste Niederlassung nördlich der Weichsel beim späteren Alt-Thorn, in der eine große Eiche gestanden haben soll, haben die Anfänge verklärt. Auf jeden Fall setzten die Brüder 1231 von Nessau aus über die Weichsel. Damit begann die Eroberung Preußens. Entlang der Weichsel und dann entlang der Ostseeküste wurden Burgen und Städte angelegt, die von zahlreichen, mit den geistlichen Privilegien gewonnenen Kreuzfahrern aus Polen und dem Reich unterstützte gewaltsame Mission und die Ansiedlung christlicher Bevölkerung gingen Hand in Hand. Das galt für Thorn ebenso wie für das 1232 eingenommene Kulm.

Beide Siedlungen wurden innerhalb weniger Jahre an günstigere Plätze verlegt, die ihnen Schutz vor Überschwemmungen und bessere Entwicklungsmöglichkeiten boten. Zugleich schuf der Orden günstige Voraussetzungen für ein rasches Aufblühen der Städte, indem er die erworbenen Rechte nahezu umgehend, wohl schon im Dezember 1232, an die aus dem Westen gewonnenen Siedler weitergab. Mit der darüber ausgestellten «Kulmer Handfeste» gewährte der Orden den Bürgern von Kulm und Thorn das Recht der freien Wahl von Richtern, die allerdings dem Orden und der Gemeinde unterstehen sollten, und die niedere Gerichtsbarkeit mit einem Anteil von einem Drittel an den Gerichtsbußen. Beide Städte erhielten ein umfangreiches Landgebiet und eine großzügige Ausstattung für ihre Pfarreien; außerdem wurde ihnen das Magdeburger Recht mit günstigeren Sätzen für die Bußgelder übertragen. Kulm sollte dafür – vielleicht in Anknüpfung an die zentrale Funktion der alten Kulmer Burg – als Hauptstadt und Oberhof fungieren, d.h. seine Ratsherren sollten Anfragen zur städtischen Gerichtsbarkeit beantworten und Zweifel klären.

Weitere Bestimmungen der Kulmer Handfeste regelten die Ausübung von Herrschaftsrechten, insbesondere Fährabgaben, Boden- und Wasserrechte, sowie Erbfolgefragen und die Kriegsdienstverpflichtungen, Abgaben und Dienste der Besitzer von Landgütern. Der Orden versprach, ihm zugefallene Häuser in den Städten nur so zu nutzen wie die anderen Bürger, übernahm die flämische Hufe (etwa 16 ha) als Maßeinheit für den Grundbesitz und befreite das Land von Zollzahlungen. Zudem wurde festgelegt, dass nur «eine Münze, die Kulmer, im Land umlaufen soll und dass die Pfennige aus reinem und lauterem Silber geprägt werden sollen» (Kisch, Forschungen, 2, 123). Deutlich günstiger als im Westen waren auch die «Wechselkurse» beim Umtausch von alten in neue Münzen bei einer relativ seltenen, auf alle zehn Jahre beschränkten Erneuerung der Prägungen. Der allgemeine Anspruch der verliehenen Rechte ließ die Kulmer Handfeste zur Grundlage für das Kulmer Recht werden, das bald für fast alle vom Orden gegründeten Siedlungen verbindlich wurde. Ausnahmen bildeten nur die an der Küste gelegenen Städte Elbing und Braunsberg, die beide Lübisches Recht erhielten. Während letztere eine Gründung des ermländischen Bischofs war (1254), wurde Elbing 1237/46 durch den Orden privilegiert, durfte sich aber zunächst nicht mit Rechtsanfragen an Lübeck wenden.

Noch in einem Vertrag von 1231 hatte der Orden Bischof Christian zwei Drittel des zu erobernden Landes überlassen, doch wurde er – anders als die Schwertbrüder in Livland – zum eigentlichen Träger der Herrschaft in Preußen, als der Bischof 1233 bei einem eigenen Unternehmen im Samland in Gefangenschaft geriet und daraus erst 1238 frei kam. Währenddessen gingen die Kreuzzüge weiter, so 1234 mit einem ersten großen, auch von den polnischen Herzögen getragenen Feldzug nördlich des Kulmerlandes, der die Unterwerfung der Pomesanier und die Anlage von Burg und Stadt Marienwerder ermöglichte.

Der Orden setzte in diesen Jahren auch seine Bemühungen um die Absicherung seiner Rechte fort. Während Friedrich II. wohl 1234/35 die Goldene Bulle von Rimini erneuerte, erkannte mit Papst Gregor IX. auch die andere christliche Universalmacht im August 1234 in der Bulle von Rieti die Brüder als eigentliche Herren Preußens an. Er bestätigte ihnen die Schenkungen Konrads von Masowien und den Besitz der bereits eroberten und noch zu erobernden Gebiete, nahm sie als Besitz des heiligen Petrus unter seinen Schutz und löste sie aus jeder anderen Oberhoheit. Päpstliche Vorbehalte betrafen nur die Einforderung eines jährlichen Zinses, die zukünftige Stellung der Bekehrten, deren persönliche Freiheit angemahnt wurde, und die Einrichtung von Bistümern.

1236 wurde deshalb der päpstliche Legat Wilhelm von Modena mit der Aufteilung Preußens in Bistümer beauftragt, an deren Spitze Bischöfe aus dem Dominikanerorden treten und nunmehr die Christianisierung der Prußen übernehmen sollten. Obwohl sich Bischof Christian nach seiner Rückkehr gegen die Minderung seiner Rechte wehrte, vollzog Wilhelm im Juli 1243 in Rom die Aufteilung in vier Diözesen, Kulmerland, Pomesanien, Ermland und Samland, in denen dem Deutschen Orden jeweils zwei Drittel des Territoriums zukommen sollten, die Bischöfe aber jeweils nur ein Drittel direkt verwalteten. Christian wurde aufgefordert, sich eine der Diözesen auszuwählen, doch nahm er wahrscheinlich vor seinem Tod Ende 1245 dazu nicht mehr Stellung. Der Aufbau einer weitgehend eigenständigen Ordensherrschaft in Preußen hatte begonnen.

Noch war aber die Stellung des Ordens nicht gesichert. Gefahren gingen auch von der Situation in Livland aus, wo der Deutsche Orden mit der Inkorporation der Schwertbrüder deren Konflikte mit Dänemark um Estland, mit den Litauern um die Landverbindung zwischen Preußen und Livland sowie mit den von der Kirche als «Schismatikern», Abweichlern vom rechten Glauben, verstandenen russischen Fürsten erbte. Als die Besetzung des Fürstentums Pleskau (Pskov) nach der legendären – und oft überbewerteten – Niederlage des Ordens auf dem Peipussee gegen Alexander von Novgorod (Alexander Nevskij) im April 1242 ihr Ende fand, löste dies in Preußen vielleicht den ersten großen Abwehrversuch der Prußen, den ersten «Prußenaufstand», aus.

Die Prußen wurden dabei auch von einem christlichen Nachbarn des Ordens, Herzog Swantopolk von Pommerellen, unterstützt, der sich im Konflikt mit den Herzögen von Großpolen und Masowien befand. Der Auslöser der Kämpfe bleibt unklar, doch fiel Swantopolk ins Kulmerland ein und drang bis Thorn vor. Daraufhin eroberte der Orden die Burg Sartowitz zusammen mit einer kostbaren Reliquie der hl. Barbara, die nach Kulm überführt und dort zum Zentrum eines Kults wurde. Trotz der Unterstützung durch die Herzöge von Großpolen und Masowien sowie durch Kreuzfahrerkontingente entwickelte sich jedoch der prußische «Aufstand» nach einer Niederlage bei Rehden 1243 zur Bedrohung. Große Teile der eroberten Territorien gingen verloren, nur die Burgen Thorn, Kulm und Rehden konnten gehalten werden, während Swantopolk seine Position wieder ausbauen konnte. In dieser Situation entsandte Papst Innozenz IV. mehrere Legaten, die einen Frieden vermitteln sollten. Eine dem Orden ungünstige Lösung konnten die Brüder durch direkte Intervention beim Papst verhindern. Nachdem die Rückgewinnung Pomesaniens gelungen war, wurde zunächst 1248 mit Swantopolk Frieden geschlossen.

Im Februar 1249 vermittelte der Legat Jakob von Lüttich auch einen Frieden mit den «aufständischen» Prußen, den Pomesaniern, Pogesaniern und Natangern, den Christburger Vertrag. Obwohl die Prußen zuvor vom Christentum abgefallen waren, wurde dieser Vertrag zwischen ihnen und dem Orden wie zwischen gleichberechtigten Partnern geschlossen. Die Prußen erhielten damit, wie es in der Urkunde heißt, «die Freiheit der Kinder Gottes» (Preußisches Urkundenbuch, 1, 1, 159), nämlich weit reichende persönliche Besitz-, Erb- und Gerichtsrechte. Sie wurden faktisch den aus dem Westen kommenden deutschen Neusiedlern gleichgestellt, so weit, dass sie auch Geistliche werden oder den «Rittergürtel» empfangen konnten. Dafür versprachen sie, künftig keine Götzen mehr anzubeten, ihre alten Priester nicht mehr unter sich zu dulden, Polygamie und der christlichen Moral widersprechende Verhaltensweisen abzuschaffen. Weiter sagten sie den Bau einer Reihe von Kirchen zu, für die der Orden Priester senden und ausstatten würde. Ihre Freiheiten sollten allerdings nur Bestand haben, «solange sie den katholischen Glauben beachten, bei Untergebenheit und Gehorsam gegenüber der römischen Kirche bleiben und gegen den Meister und die Brüder und deren Orden sich treu verhalten werden» (ebd., 160). Man hat die Zugeständnisse an die Prußen insbesondere damit erklärt, der Papst habe den Orden gegen die seit der christlichen Niederlage bei Liegnitz und der Verwüstung Ungarns 1241/42 immer noch akute mongolische Bedrohung einsetzen wollen und deshalb ruhige Verhältnisse in Preußen gebraucht. Tatsächlich sammelten sich nach 1254/58 Kontingente für einen Kreuzzug gegen die Mongolen an der Südgrenze Preußens, doch dürfte auch die von Päpsten immer wieder angemahnte Gleichstellung der Neubekehrten eine Rolle gespielt haben.

Trotz der gewährten persönlichen Freiheiten hatten die Prußen damit ihre politische Autonomie verloren und mussten überkommene soziale Strukturen aufgeben. Während der Orden nach dem Abschluss des Christburger Vertrages mit der Eroberung des Samlands 1255 die Küste unter seine Kontrolle brachte und 1258 endgültig die Gründung Königsbergs als städtisches Zentrum am Pregel einleitete, lösten daher eine weitere Niederlage des Ordens in Livland sowie Unruhen in Kurland 1260 den zweiten «Prußenaufstand» aus. Folgt man dem Bericht der um 1326 entstandenen Chronik Peters von Dusburg, wurden die Kämpfe von beiden Seiten mit aller Härte geführt. Den vom Orden herbeigerufenen Kreuzfahrern ging es danach um die Zerstörung allen Besitzes, die Gefangennahme der Frauen und Kinder sowie die Tötung der Männer, bis sich die Prußen zur Taufe bereit fanden; und diese reagierten mit blutigen Überfällen auf die christianisierten Gebiete. Wahrscheinlich hat Peter jedoch die Ereignisse überzeichnet, um die Tapferkeit und Frömmigkeit der Vorgänger in hellerem Licht erscheinen zu lassen. Der Orden setzte sich schließlich mit Hilfe immer neuer Kreuzfahrerkontingente aus dem Westen durch, obwohl die Prußen wiederum durch den pommerellischen Herzog, Mestwin II., unterstützt wurden. 1274 war der zweite Aufstand niedergeschlagen, bis 1283 waren die restlichen, noch nicht christianisierten Stammesgebiete erobert.

Dabei kam es jedoch keineswegs zu einer weitgehenden Ausrottung der Prußen, wie sie bis heute in unwissenschaftlichen Darstellungen behauptet wird. Wer sich nicht der Christianisierung fügen wollte, floh ins heidnische Litauen, doch blieben viele Prußen im Land. Man hat ihre Zahl vor der Eroberung durch den Deutschen Orden auf rund 170000 geschätzt; um 1300 waren es dann wohl noch rund 90000, um 1400 bereits rund 140000, neben vielleicht 100000 Deutschen und 26000 Polen.

Obwohl die am zweiten «Aufstand» beteiligten Prußen gemäß den Bestimmungen des Christburger Vertrages ihre Rechte verloren und die in eigenen Siedlungen lebenden prußischen Bauern im Ordensland gegenüber den deutschen Neusiedlern einen minderen Rechtsstatus besaßen, wurden sie zumindest teilweise in die nun entstehende preußische Gesellschaft integriert. Etliche konnten sich freikaufen und als «kleine Freie» mit geringem Grundbesitz und Verpflichtung zum Kriegsdienst mit leichten Waffen eine Verbesserung ihrer Stellung erreichen. Den prußischen Familien, die dem Orden treu blieben, gelang in

Einzelfällen sogar der Aufstieg in den preußischen Adel, in den Kreis der «großen Freien». Zu ihnen zählten z. B. die Nachkommen des letzten zwangsbekehrten prußischen Fürsten, Skaumand, der als Christ starb. Er erhielt im April 1285 ein Dienstgut zu erblichem Besitz übertragen, den späteren Ort Groß Steegen, und einer seiner Erben, Dietrich Skomand – der Name des Fürsten war damit «Familienname» geworden – bekam vom Orden 1361 50 Hufen zur Gründung eines deutschrechtlichen Dorfes. Erst im Herzogtum Preußen kam es nach 1525, auch aufgrund des Vorgehens der lutherischen Prediger, die sich erstmals intensiv den prußischen Siedlungen zuwandten, zu einer stärkeren Integration von deutschen und prußischen Bewohnern Preußens. Die prußische Sprache aber wurde noch bis in die Zeit um 1700 gesprochen, als eine Bibelübersetzung entstand.

8. Ausbau der Landesherrschaft in Preußen

Der Abschluss der Eroberung Preußens 1283 markiert zusammen mit dem endgültigen Verlust Akkons 1291 den Beginn einer neuen Phase in der Geschichte des Deutschen Ordens. Der nunmehr sichere Besitz in Preußen rückte zunehmend ins Zentrum der Ordenspolitik. Die nach 1283 einsetzende ländliche Besiedlung erlaubte eine über die Burgen und Städte hinausgehende Verdichtung der Landesherrschaft, und zugleich begann der Erwerb von Gebieten westlich der Weichsel. In der Konsequenz erfolgte schließlich in einem längeren Prozess die Verlegung des Hochmeistersitzes nach Preußen.

Die ländliche Besiedlung des Ordenslandes, aber auch der bis ins frühe 15. Jahrhundert fortgesetzte Ausbau des Städtenetzes war Teil eines gesamteuropäischen Phänomens, das im deutschen Raum als «Ostsiedlung» bezeichnet wird, aber eine Welle des Bevölkerungswachstums und des – auch von slavischen Fürsten vorangetriebenen – Landesausbaus darstellt. Zunächst konnten deutsche Siedler vor allem aus Brandenburg, Pommern und Schlesien für Preußen gewonnen werden, dann waren es Einwohner des Ordenslandes selbst und der benachbarten Territorien, die unter meist günstigeren Bedingungen weiter östlich angesiedelt wurden. Obwohl die darüber ausgestellten Urkunden, die Handfesten, dies nicht erkennen lassen, werden dabei immer wieder auch Prußen, Litauer und Polen zu deutschem Recht angesiedelt worden sein. Denn «deutsch» meint in diesem Zusammenhang keine ethnische, sondern allein eine rechtliche Kategorie, wie dies auch die Übernahme des deutschen – Magdeburger, Kulmer – Rechts in Polen, Litauen und der Ukraine deutlich macht. Wahrscheinlich lebten um 1400 auch Muslime im Ordensland, vor allem auf Ordenshöfen.

Die dörflichen Handfesten regelten allgemein die Größe der Dörfer, die Höhe der Abgaben und die weiteren Rechte und Pflichten der Einwohner. Das Haupt der Dorfgemeinschaft war der Schulze, ursprünglich meist der Lokator (Siedlungsunternehmer), der die Bauern angeworben hatte. Er erhielt rund ein Zehntel des Bodens und die niedere Gerichtsbarkeit, dazu oft Fischerei- und Fangrechte, musste aber für den Orden Kriegsdienst mit leichter Rüstung leisten. Auch die Pfarrkirche wurde mit großem Grundbesitz ausgestattet, während die verbliebenen Äcker an freie Bauern gegen einen jährlichen Zins vergeben wurden, der auch von der Bodenqualität abhing.

Daneben blieben die prußischen Dörfer und Siedlungsgebiete bestehen. Während die deutschrechtlichen Bauern über zwei Hufen, etwa 33 ha Land verfügten, hatten die Prußen nur zwei Haken, etwa 20 ha – nach dem dabei verwandten Hakenpflug –, und leisteten Dienste und Naturalabgaben. Sie waren nicht genossenschaftlich unter einem Schulzen organisiert, hatten aber einen Ältesten (Starosten), der für sie sprach. Die prußischen Dörfer waren vielfach in Kammer- oder Waldämtern zusammengefasst, die eigenen Amtsträgern unterstanden, die ihrerseits von Witingen, prußischen Freien, unterstützt wurden. Die Ordensbrüder und die in den benachbarten deutschrechtlichen Dörfern wohnenden Priester brauchten in der Regel Dolmetscher, um sich mit den Prußen zu verständigen.

Die Vergabe von Land, der Einzug der Abgaben, die Einforderung von Dienstleistungen und Kriegsdiensten, die Kontrolle der Schulzen und Amtsträger sowie die Wahrnehmung der nicht auf die Untertanen delegierten hohen Gerichtsbarkeit erforderten eine eigene Verwaltung. Ähnlich wie beim Streubesitz im Mittelmeerraum oder im Reich entwickelten sich dafür die Ordenshäuser mit einer Gruppe von Brüdern unter einem Komtur, die Komtureien, zu Verwaltungszentren, nur, dass ihnen in Preußen eigene Bezirke unterstanden, die sich an der Ostsee oft von der Küste weit ins Landesinnere erstreckten. Die entfernter gelegenen Teile der Komtureigebiete wurden wiederum durch untergeordnete Ämter wie Vogteien und Pflegeämter, mit eigenen Häusern als «Sitzen», kontrolliert.

Der Orden war damit Landesherr geworden, und es ist kein Zufall, dass die Brüder nun wie andere Landesherren auch eine Ausweitung ihrer Rechte und ihres Besitzes anstrebten, nicht nur in die noch heidnischen Gebiete, sondern ebenso nach Westen in die sicheren christlichen Territorien. Schon 1282 erwarb der Deutsche Orden durch einen Vergleich nach Schenkungen der pommerellischen Herzogsfamilie das Gebiet um Mewe. 1294 starb mit Mestwin II. der letzte pommerellische Teilfürst, und Pommerellen wurde in die Kämpfe um die Wiederherstellung des polnischen Königtums verwickelt, in die auch die böhmischen Könige Wenzel II. und Wenzel III. eingriffen, während zugleich die Markgrafen von Brandenburg ihre Ansprüche auf das Land durchsetzen wollten. Im Sommer 1308 griffen diese das inzwischen von Władysław Łokietek, dem Herzog von Krakau und Sandomir, gehaltene Danzig an. Als der Herzog den Deutschen Orden zu Hilfe rief, vertrieben dessen Truppen nicht nur die brandenburgischen, sondern auch die polnischen Kontingente und unterwarfen zunächst den Norden, 1309 auch den Rest des Landes. Jene pommerellischen Adligen, die sich dem Orden widersetzt hatten, wurden hingerichtet, die Stadt Danzig wurde teilweise zerstört. Zur Absicherung erwarb der Orden im September 1309 im Vertrag von Soldin von Markgraf Waldemar von Brandenburg dessen Rechte auf Pommerellen.

Diese Ereignisse hat man nicht ganz zu Unrecht als «Sündenfall» des Deutschen Ordens gewertet, hatten die Brüder damit ihre Waffen doch gegen Christen gerichtet. Auch wenn die von der älteren deutschen und polnischen Forschung um dieses Ereignis geführten Debatten von unzeitgemäßen Grundannahmen ausgingen (der angeblichen strategischen Bedeutung als «Landbrücke» zum Reich, der «natürlichen» Zugehörigkeit Pommerellens zur polnischen Krone usw.) und dieses keineswegs direkt in den «Niedergang» des Ordens führte, war die so entstandene Situation nicht ungefährlich. Der Orden befand sich in Livland zur selben Zeit im Konflikt mit Erzbischof Friedrich von Riga (1304–1341), der sich an der Kurie aufhielt. Unter den Anklagepunkten, die der päpstliche Legat Francesco di Moliano 1311 in Livland untersuchen sollte, fand sich so nicht zufällig der Vorwurf, der Orden habe christliche Gebiete überfallen, in Danzig ein Blutbad angerichtet und über 10 000 Menschen brutal ermorden lassen – ein Vorwurf, der bis heute das Bild des Ordens beeinflusst, obwohl die Stadt insgesamt damals kaum so viele Einwohner hatte. Der mit den Verhaftungen in Frankreich im Oktober 1307 eröffnete Templerprozess hatte zudem deutlich gemacht, dass die geistlichen Orden keineswegs unangreifbar waren.

Der Deutsche Orden war noch stark genug, um widrige Konstellationen zu überstehen. Als Francesco di Moliano bald nach seiner Ankunft den Hochmeister und die Brüder in Preußen und Livland exkommunizierte, hatte das keine Folgen, und Hochmeister Karl von Trier konnte schließlich mit einem Besuch beim Papst in Avignon die Gefahren bannen. Auf die Urteile der päpstlichen Richter, die auf polnische Anklagen hin 1319/20 und erneut 1339 wegen der Eroberung Pommerellens eingesetzt wurden und am Ende nicht nur die Rückgabe Pommerellens, sondern auch die des Kulmerlands forderten, reagierte der Orden kaum. Als der 1320 zum polnischen König erhobene Władysław Łokietek das erste Urteil 1327 mit Hilfe der noch heidnischen Litauer unter ihrem Großfürsten Gedimin umsetzen wollte, wurde der Orden von König Johann von Böhmen unterstützt. Zu einem Ausgleich mit Polen kam es erst unter Władysławs Sohn, Kasimir III. Er verzichtete im Juli 1343 im Vertrag von Kalisch auf Pommerellen und das Kulmerland, während der Orden die zuvor im Krieg besetzten Gebiete räumte.

Das Schicksal der Templer und die Ereignisse in Pommerellen dürften auch die Entscheidung beeinflusst haben, den Sitz des Hochmeisters nach Preußen zu verlegen. Mit der Wahl Venedigs hatten 1291 noch einmal jene Brüder die Oberhand gewonnen, die in der Rückgewinnung und Verteidigung des Heiligen Landes die Hauptaufgabe des Ordens sahen. Hochmeister Konrad von Feuchtwangen, der für eine Übersiedlung nach Preußen eintrat, konnte sich nicht durchsetzen. Sein Nachfolger, der 1297 gewählte Gottfried von Hohenlohe, musste sich sogar durch Eid zur Anwesenheit in Venedig verpflichten. Er wurde 1303 von der inzwischen erstarkten «baltischen Fraktion» abgesetzt, während sich der neue Hochmeister Siegfried von Feuchtwangen 1309 für die Übersiedlung auf die preußische Marienburg entschied.

Damit war aber immer noch keine endgültige Entscheidung für Preußen gefallen. Der 1311 gewählte Karl von Trier geriet bald mit den preußischen Brüdern in Konflikt, sollte zur Absetzung gezwungen werden und verließ Preußen. Von einem Generalkapitel in Erfurt 1318 in seinem Amt bestätigt, leitete er den Orden danach von seiner Trierer Heimat aus. Erst nach der Wahl Werners von Orseln 1324 wurde die Marienburg endgültig zum Zentrum des Ordens, denn unter ihm wurden nun die inneren Strukturen den neuen Gegebenheiten angepasst. Dazu gehörten die Abschaffung des Landmeisteramtes und die Umwandlung einiger Komtureien in Pflegeämter oder Vogteien, die – neben der Etablierung der Kammerballeien im Reich – in Preußen die hochmeisterliche «Kammer» bildeten, d.h. zur Finanzierung der Aufgaben des Hochmeisters beitrugen. Nunmehr wurden die zentralen Ordensämter regional verankert: der Marschall in Königsberg, der Oberste Spittler in Elbing und der Oberste Trappier in Mewe bzw. Christburg. Dem Hochmeister wurde ein engerer Rat zur Seite gestellt, dem auch die Komture zu Danzig und Thorn für die Landesteile Pommerellen und Kulmerland angehörten, und eigene Ämter für landesherrliche Aufgaben entstanden. Diese Reformen wurden durch eine innere Erneuerung unter Luther von Braunschweig ergänzt, der in den von ihm erlassenen Statuten die religiösen Aspekte des

Ordenslebens zu stärken suchte und die fromme Lektüre förderte. Der Orden war damit fest in Preußen etabliert.

9. Die Litauerfeldzüge und die Außenpolitik in Preußen im 14. Jahrhundert

Der Abschluss der Eroberung und (zumindest oberflächlichen) Christianisierung Preußens 1283 schloss für den Orden keineswegs die Möglichkeit aus, im Baltikum weiter seinen Stiftungsaufgaben nachzukommen. Neben den zwar als christlich, aber als schismatisch eingestuften russisch-orthodoxen Herrschaftsgebieten, gegen die auch Kreuzzüge geführt wurden, gab es ein großes, ja sogar in den christlichen Raum hinein expandierendes heidnisches Fürstentum: Litauen. Mit den Litauern war der Deutsche Orden schon in der Mitte des 13. Jahrhunderts in Berührung gekommen, als es dem Fürsten Mindaugas (Mindowe) gelang, Litauen weitgehend unter seiner Führung zu einigen. Er hatte dafür auch die Unterstützung des Ordens in Anspruch genommen. 1253 ließ er sich taufen und wurde mit päpstlicher Billigung von Bischof Heidenreich von Kulm zum König gekrönt. Der Orden erhielt von ihm Samaiten, das Gebiet an der Ostseeküste zwischen Preußen und Livland, konnte sich aber dort nicht etablieren. Mindaugas selbst geriet in innenpolitische Schwierigkeiten und wandte sich vom Orden ab. Im August 1263 wurde er von seinen Gegnern ermordet.

Litauen zerfiel danach wieder in mehrere Teilfürstentümer, wurde aber bereits 1293 unter Witen erneut geeint. Ihm gelang vor 1307 die Eroberung des russischen Fürstentums Polozk, und sein Bruder und Nachfolger Gedimin (1316–1341) setzte die Politik der Expansion in die russischen und mongolischen Herrschaftsgebiete so erfolgreich fort, dass Litauen zu einer ostmitteleuropäischen Großmacht wurde und mit dem aufstrebenden Großfürstentum Moskau ebenso konkurrierte wie mit dem Königreich Polen. Litauens Lage zwischen den beiden christlichen Konfessionen – der katholischen und der orthodoxen – erlaubte es den Fürsten, mal der einen, mal der anderen Seite die Taufe zuzusagen, um Zugeständnisse zu erreichen. Auch als

Bündnispartner – wie etwa 1325 in der Auseinandersetzung Polens mit dem Deutschen Orden – spielten sie zunehmend eine Rolle. Einen Höhepunkt dieser geschickten Diplomatie bildete, wenn auch ohne Folgen, das Angebot des Fürsten Keistutis (Kynstute) von 1358, sich in Gegenwart Kaiser Karls IV. taufen zu lassen. Karl reiste nach Breslau, war aber nicht bereit, den litauischen Forderungen nachzukommen, die die Übergabe eines Teils des Ordensbesitzes in Preußen und die Verlegung des Ordens an die Grenze gegen die Mongolen einschlossen.

Die Litauer waren weitaus stärkere Gegner als die Prußen. Der Orden konnte kaum hoffen, das litauische Fürstentum als Ganzes zu unterwerfen, er setzte letztlich auf die Durchdringung einzelner Gebiete wie des umkämpften Samaiten und auf eine – wohl nie grundsätzlich reflektierte – Zermürbungstaktik, die auch mit rechtlichen und diplomatischen Mitteln eine Christianisierung des Landes erzwingen sollte. Häufig, seit 1336 mindestens ein- oder zweimal jährlich, zogen Kontingente des Ordens und Kreuzfahrer von Königsberg, Tilsit oder Ragnit aus in das litauische Gebiet, entweder im Sommer, wenn die vielen Flussläufe in der Grenzregion kaum Wasser führten, oder im Winter, wenn sie zugefroren waren. Die angegriffenen Ländereien wurden – wie oft auch in den Kriegen zwischen Christen – verwüstet, Befestigungen, Äcker, Dörfer und Städte zerstört, die Bewohner getötet oder verschleppt. Gelegentlich wurden auch neue Burgen errichtet, um dauerhafteren Einfluss auszuüben. Zwischen 1305 und 1409 lassen sich rund 300 dieser Unternehmen nachweisen. Sie waren jedoch wenig erfolgreich. Weder gelang die Eroberung einzelner Gebiete, noch konnten die Litauer dauerhaft für das Christentum gewonnen werden. Von einer Umsetzung der von Kaiser Ludwig dem Bayern 1337 erwirkten Schenkung Litauens an den Orden war man weit entfernt, vielmehr schlugen die Litauer auf preußischem Gebiet mit den gleichen Mitteln – Mord, Brand, Plünderung und Entführung – zurück.

Erfolgreich war jedoch die Einbindung vor allem westeuropäischer und deutscher, aber auch italienischer und polnischer Kreuzfahrer. Der für die Feldzüge verwendete Begriff *reysa* ging in die westeuropäischen Sprachen ein, und für viele französische, englische oder niederländische Große gehörte es zum Ideal eines Ritters, einmal an einer «Preußenreise» teilgenommen zu haben. Der Orden förderte dies durch die Ausbildung von Ritualen. Schon die gesamte Anreise war durch Feste und Zeremoniell gekennzeichnet, insbesondere der Aufenthalt auf der Marienburg. Den Höhepunkt bildete jedoch der nach den Kämpfen in Königsberg veranstaltete «Ehrentisch», für den von den anwesenden Herolden zwölf Ritter ausgewählt wurden und der wohl an die legendäre Tafelrunde König Arthurs anknüpfte. Der Teilnehmer an den Litauerreisen wurde zudem durch Gedächtnisinschriften, Wappentafeln und bildliche Darstellungen gedacht, die im Königsberger Dom außerhalb des Chors angebracht waren.

Die Preußenreisenden mussten für die Kosten selbst aufkommen und trugen so bei längerem Aufenthalt – mit Ausgaben für Herbergen, Nahrung und Anderes – auch zum Aufschwung Preußens bei. Sie bedienten sich dafür der vielfältigen wirtschaftlichen Verbindungen, die inzwischen im Rahmen der hansischen Interessengemeinschaft zwischen den preußischen Großstädten und dem Westen entstanden waren. Thorn und Elbing hatten schon im 13. Jahrhundert zu den Entwicklungen in der Hanse Stellung bezogen, etwa 1280/82 im Konflikt mit Flandern und 1295 bei der Verlegung des Oberhofs für Novgorod nach Lübeck. Sie gehörten 1356 auch zu den Teilnehmern der Verhandlungen in Brügge, die die Kontorsordnung von 1347 bestätigten. Darin erscheinen die preußischen Städte bereits als eigene Gruppe, die zusammen mit den Westfalen ein Drittel der dortigen Kaufleute bildete. Der Deutsche Orden war durch die Mitgliedschaft der preußischen Städte und ihrer Kaufleute gewissermaßen der Hanse assoziiert und profitierte davon vor allem für seinen Eigenhandel, der in seinem Namen von preußischen Bürgern betrieben wurde. Zudem wurde die Stellungnahme der preußischen Städte auf den Hansetagen und hansischen Verhandlungen nach 1356 auf Regionaltagen vorbereitet, die oft auf der Marienburg und in Gegenwart von Ordensvertretern stattfanden. Die Teilnahme der preußischen

Städte am Krieg gegen Dänemark, die die weit gespannte «Kölner Konföderation» von 1367 und damit 1370 den Erfolg im Frieden von Stralsund ermöglichte, setzte die Zustimmung des Hochmeisters Winrich von Kniprode und der Ordensgebietiger voraus, und immer wieder suchten auch die anderen Hansestädte die Abstimmung mit den Hochmeistern. Dazu kam, dass die Hochmeister die Hanse teilweise gegenüber westeuropäischen Herrschern und Fürsten – in England, Frankreich und Burgund – vertraten. Es war daher nicht völlig abwegig, wenn Ludwig von Erlichshausen 1451 an Lübeck schrieb, der Hochmeister sei schon von alters her für ein Haupt der Hanse gehalten worden.

Das 14. Jahrhundert gilt zu Recht als «Blütezeit» des Deutschen Ordens. Sein Ansehen als Ritterorden stand auf dem Höhepunkt, nicht zuletzt verbreitet durch zahlreiche Preußenfahrer, sein Territorium war gefestigt und in wachsendem Maße in ein Netz europäischer Beziehungen integriert. Die stabile Lage der Ordensfinanzen in Preußen, die Zahlungen der Balleien im Reich und am Mittelmeer überflüssig machte, erlaubte eine friedliche Expansion. 1346 kaufte der Orden Nordestland vom dänischen König Waldemar IV., nachdem ein Aufstand der estnischen Bauern mit Hilfe des livländischen Landmeisters niedergeschlagen worden war. 1370 erwarb er die Besitzungen der Johanniter um Stargard und stärkte so seine Position in Pommerellen. Dazu kamen Pfandschaften an der Südgrenze Preußens, die allerdings bald zu Spannungen mit Polen führen sollten. Das «goldene Zeitalter» Winrichs von Kniprode fand schließlich ein Ende, als die Christianisierung Litauens, die der Orden nicht erzwingen konnte, 1386 durch die dynastische Verbindung mit Polen verwirklicht wurde.

II. Der Deutsche Orden um 1400

1. Strukturen und Verfassung

Die Strukturen des Deutschen Ordens waren in den Jahrzehnten um 1400 weitgehend gefestigt. Manches wandelte sich im Laufe der Jahrzehnte. Das gilt für die Statuten des Ordens, für die Ämter in Preußen und im Reich und ihr Verhältnis zueinander, aber auch für die verschiedenen Formen der Mitgliedschaft.

Den älteren Gruppen der Priester und der dienenden Brüder, die wahrscheinlich den Kern der Gemeinschaft am deutschen Hospital in Akkon gebildet hatten, wurden mit der Umwandlung in einen Ritterorden die Ritterbrüder an die Seite gestellt. Sie gewannen mit dem Beginn des militärischen Engagements im 13. Jahrhundert im Orden die Oberhand. Wenn Papst Honorius III. 1216 bestätigte, dass die Hochmeister adliger Herkunft sein sollten, verweist dies wohl schon auf die Praxis, nur Adlige, ausnahmsweise auch Mitglieder des städtischen Patriziats, als Ritterbrüder in den Orden aufzunehmen. Allerdings kamen Adelsnachweise erst im 15. Jahrhundert auf, als der Orden im Reich zunehmend – und durchaus positiv – als «Spital des deutschen Adels», also als Versorgungsinstitut, verstanden wurde. So forderte Deutschmeister Jost von Venningen um 1450, Kandidaten für die Aufnahme sollten zwei adlige Verwandte von über 40 Jahren mitbringen, und erst um 1500 war die Einführung von Adelsproben abgeschlossen. Der Vorrang dieser Gruppe zeigte sich auch daran, dass sie nach den Statuten bei der Wahl der Hochmeister acht von 13 Mitgliedern des dafür zuständigen Wahlmännergremiums stellten.

Im selben Gremium war nur ein Priesterbruder vertreten, neben vier weiteren Brüdern. Das erlaubt Rückschlüsse auf ihre Bedeutung im Orden. Priesterbrüder gab es in allen Häusern des Ordens, da sie für Liturgie und Seelsorge zuständig waren, aber nur in einigen standen sie als Komture an der Spitze, etwa in Mühlhausen in Thüringen, wo an den Pfarrkirchen in Alt- und Neustadt Kommenden von Priesterbrüdern bestanden. Im Haupthaus, aber auch in einigen anderen Komtureien unterstanden sie einem eigenen Prior. Eine Sonderrolle hatten sie in Einrichtungen wie dem 1278 dem Orden übertragenen Kloster Zschillen in der Diözese Meißen, wo zwölf Priesterbrüder unter der Leitung eines dem Bischof unterstellten Propstes bzw. Priors zusammenlebten, auch wenn der Komtur hier immer ein Ritterbruder war. In Preußen und in Livland rekrutierten sich die Domkapitel, die Gemeinschaften der Geistlichen an den Kathedralen, in vier Bistümern, Kulm, Pomesanien, Samland und Kurland, aus dem Kreis der Priesterbrüder, was dazu führte, dass auch die Bischöfe in der Regel aus dem Orden kamen.

Der Status der weiteren Brüder war regional und im Laufe der Entwicklung sehr unterschiedlich. Die dienenden oder Sarjantbrüder finden sich nach 1198 vor allem mit militärischen, aber auch mit Verwaltungsaufgaben betraut. Ihr untergeordneter Stand – wie ihre meist bäuerliche oder bürgerliche Herkunft – zeigte sich auch an ihrem grauen Habit (statt des weißen Mantels der Ritterbrüder) mit schwarzem Kreuz, der zu ihrer späteren Bezeichnung als Graumäntler führte. Um 1400 finden sie sich in Preußen in größerer Zahl in den niederen Ämtern der Komtureien, zum Beispiel als Back-, Schmiede-, Schuhmeister, während sie im Reich und am Mittelmeer weniger stark vertreten waren. Von ihnen lassen sich, wenn auch nicht immer deutlich, die Halb- oder Laienbrüder unterscheiden, die ebenfalls für die Ordenswirtschaft, etwa als Knechte auf Ordenshöfen, eine Rolle spielten und ihnen innerhalb des Ordens untergeordnet waren.

Zur Gemeinschaft des Ordens zählten zudem weltliche Personen, die als Familiaren oder Pfründner aufgenommen wurden und für ihre Schenkungen geistliche oder zusätzlich materielle Versorgung erhielten. Darunter finden sich insbesondere im Rheinland auch (teilweise hochgestellte) Frauen, die sich in den Schutz der Ordenshäuser begaben. Frauen dürften schon seit den Anfängen in den Hospitälern des Ordens gearbeitet haben, später wurden sie, besonders in Preußen, auch in der Viehwirtschaft eingesetzt. In Analogie zu den Männern wurden sie als Halbschwestern aufgenommen und lebten in den einzelnen Ordenshäusern, aber es gab auch – zumindest zeitweise – eigene Deutschordenskonvente für Frauen, in Hitzkirch / Beuggen, Bern, Frankfurt a. M. und im friesischen Katrijp.

Eigene Aufnahmebestimmungen gab es insbesondere für die Ritterbrüder. Eine Probezeit, die nach den Statuten ursprünglich vorgesehen war, setzte sich nicht durch, so dass – spätestens seit einem Privileg Honorius' III. von 1221 – jeder ab dem Alter von 14 Jahren aufgenommen werden konnte, gegen dessen Mitgliedschaft es keine kirchenrechtlichen Einwände gab. Der Kandidat musste aber erklären, dass er persönlich frei und keiner Frau versprochen sei, keinem anderen Orden angehöre, keine Schulden und keine schweren Krankheiten habe. Falsche Angaben zogen den Ausschluss aus dem Orden nach sich.

Die Rekrutierung und Aufnahme der Brüder, die nach den Statuten eigentlich durch Meister und Generalkapitel erfolgen sollte, wurde mit der Ausweitung des Ordens an die anderen Amtsträger, insbesondere die Landkomture, delegiert. Dabei ergab sich jedoch eine Differenzierung nach Einsatzregionen. Die Hochmeister sandten immer wieder, z. B. 1406, 1422 und 1428, ihre Amtsträger zur Anwerbung von Brüdern für Preußen ins Reich, die livländischen Ordensmeister rekrutierten eigenständig den «Nachwuchs» für ihren Ordenszweig, vor allem aus Westfalen und dem Rheinland, die Landkomture im Reich aber nahmen vor allem Brüder für ihre Häuser und nur in Ausnahmen für Preußen auf. Weder in Preußen noch in Livland wurden viele «Landeskinder», etwa aus der regionalen Ritterschaft, in den Orden eingekleidet – ein Faktum, das zu Spannungen führte. Die Rekrutierung separierte auch die Karrieren im Orden selbst. Wer nach Preußen oder Livland gerufen wurde, machte dort seinen Weg und kehrte nur in Ausnahmen ins Reich zurück – und zwar nur in die hochmeisterlichen Kammerballeien.

Obwohl die Erhebung von Eintrittsgeldern kirchenrechtlich untersagt war, mussten die neuen Brüder für ihre Ausrüstung, mehrere Pferde, Sattelzeug, Rüstung und eventuell die Kosten der Reise nach Preußen und Livland selbst aufkommen. Die dafür erhobenen, recht beachtlichen Summen – oder, wenn auch nicht zufällig selten nachweisbar, darin eingeschlossene «freiwillige» Stiftungen an den Orden – erreichten zwischen 60 und 130 rheinische Gulden. Weil der Orden im 15. Jahrhundert als Versorgungsanstalt für jüngere Adelssöhne verstanden wurde, denen eine angemessene Stellung ermöglicht werden sollte, wurden überall – verstärkt nach 1410 – kontinuierlich weniger Ritterbrüder aufgenommen. In Preußen, hat man geschätzt, ging ihre Zahl zwischen 1410 und der Mitte des 15. Jahrhunderts von rund 700 auf 350 zurück, in Livland von 300–350 auf 200, im Reich von rund 360 auf 230. Dagegen nahm insbesondere im Reich die Zahl der Priesterbrüder zu, denen immer häufiger die Leitung von Kommenden übertragen wurde.

Auch der Kern der Regeln, Gesetze und Gewohnheiten aus dem 13. Jahrhundert blieb in den Jahrzehnten um 1400 grundlegend. Nach 1309 wurden immer nur wenige Gesetze der Hochmeister hinzugefügt, so dass die Statuten noch 1442 durch ein Generalkapitel auf der Marienburg unter Konrad von Erlichshausen weitgehend unverändert bestätigt werden konnten und in einer verbindlichen Fassung im Orden Verbreitung fanden. Konrad ergänzte dies allerdings durch eigene Gesetze, die die Ordensdisziplin verbessern sollten. Die Revision war seine Antwort auf den Versuch des Deutschmeisters Eberhard von Seinsheim, durch gefälschte, angeblich in der Zeit Werners von Orseln (1324–1330) entstandene Statuten entscheidenden Einfluss auf die Wahl des Hochmeisters und die Politik des Ordens zu gewinnen. Die Vorlage dieser Statuten im Frühjahr 1437 brachte Konrads Vorgänger, Paul von Rusdorf, in große Schwierigkeiten, zumal das Basler Konzil die Bestimmungen als echt anerkannte. Mit der verbindlichen Statutenversion von 1442, die die Fälschung nicht aufnahm, setzte sich jedoch der Hochmeister durch.

Die Auseinandersetzungen zwischen Hochmeister Paul von Rusdorf und Deutschmeister Eberhard von Seinsheim werfen ein bezeichnendes Licht auf die Ordensstrukturen im 14. und 15. Jahrhundert. Mit der Verlegung des Hochmeistersitzes auf die Marienburg festigte sich die funktionale Dreiteilung des Or-

Siegel der Großgebietiger: Großkomtur (Marienkrönung); Marschall (Ritter zu Pferd mit Wimpel und Schild mit Ordenskreuz); Oberster Spittler (Fußwaschung); Tressler (Hand mit Schlüssel); Oberster Trappier (Bruder mit Ordenshabit in der Hand). Umzeichnung aus: Friedrich August Voßberg: Geschichte der Preußischen Münzen und Siegel von frühester Zeit bis zum Ende der Herrschaft des Deutschen Ordens, Berlin 1843 (ND Leipzig 1973), Tafel I.

dens. Neben Preußen als Gebiet der Ordensleitung und die hochmeisterlichen Kammerballeien traten die Balleien des Deutschmeisters, dem um die Mitte des 14. Jahrhunderts auch die verbleibenden Häuser im Mittelmeerraum unterstellt wurden, sowie der auf der Schwertbrüder-Tradition aufbauende livländische Ordenszweig. Die beiden Ordenszweige im Reich und in Livland gewannen im 15. Jahrhundert zunehmend an Selbstständigkeit, bis hin zur faktisch nahezu eigenständigen Einsetzung von Deutschmeister und livländischem Meister.

Die Hochmeister sahen sich auch anderen starken Kräften innerhalb der Ordensoligarchie gegenüber. Am einflussreichsten waren zweifellos die nunmehr in Preußen regional verankerten Großgebietiger, der Oberste Marschall, der Oberste Spittler, der Oberste Trappier, Großkomtur und Tressler. Sie bildeten zusammen mit den Komturen von Danzig und Thorn den «engeren Rat», der teilweise noch durch andere Komture zum «weiteren Rat» ergänzt wurde. Ihr Widerstand führte auch zum (erzwungenen) Rücktritt oder zur Absetzung von Hochmeistern wie Karl von Trier, Ludolf König, Heinrich von Plauen oder Paul von Rusdorf. Bezeichnenderweise waren es sowohl unter Heinrich von Plauen als auch unter Paul von Rusdorf die Obersten Marschälle Michael Küchmeister und Konrad von Erlichshausen, die die Politik der Hochmeister kritisierten und schließlich ihre Nachfolge antraten. Neben den teilweise als «kleine Kapitel» bezeichneten Versammlungen der preußischen Gebietiger spielten die nach den Statuten jährlich abzuhaltenden Generalkapitel kaum noch eine Rolle. Sie wurden nur noch selten einberufen und nahezu ausschließlich von den deutschen und livländischen Meistern beschickt.

Die Verankerung der Hochmeister in Preußen machte sie von der Situation im Lande abhängig. In der «Blütezeit» des 14. Jahrhunderts war ihre Stellung im Orden unbestritten, nicht zufällig seit den Niederlagen des 15. Jahrhunderts brachten die beiden Landmeister ihre eigenen Interessen stärker zur Geltung. Dazu kam die wirtschaftliche Entwicklung. Bis 1410 verfügte die Ordensleitung über reichliche Mittel und konnte das Geld für politische Zwecke nutzen. Neben Pfandschaften im Umfeld Preußens führte ein Darlehen an den Deutschmeister Siegfried von Venningen 1386 zur pfandweisen Unterstellung der Ballei Elsass-Burgund unter die hochmeisterliche Kammer, als fünfte neben Böhmen, Österreich, Bozen und Koblenz, die wohl schon unter Werner von Orseln und seinen unmittelbaren Nachfolgern der hochmeisterlichen Kammer unterstellt wurden. Alle fünf leisteten Beiträge zu den Finanzen des Hochmeisters. Böhmen zahlte bereits im 14. Jahrhundert einen Kammerzins, von Österreich und Bozen sind Zahlungen erst im 15. Jahrhundert belegt, letztere dienten dann zum Unterhalt des Generalprokurators an der Kurie als ständigem Vertreter des Ordens bei den Päpsten. Aus Koblenz wurde seit dem 14. Jahrhundert Rheinwein nach Preußen geliefert.

Diese Leistungen und Zahlungen fielen jedoch gegenüber den Einkünften in Preußen kaum ins Gewicht. Als diese nach 1410 einbrachen, trafen die Versuche, die Untertanen stärker zu besteuern, auf den heftigen Widerstand der Stände. Sie setzten 1441 durch, dass nur noch dem einzelnen Hochmeister bei der Huldigung Treue zu versprechen war, dem Orden selbst nur noch für den Fall der Vakanz. Die Hochmeister erhielten damit als «Ansprechpartner» für die Stände gewissermaßen fürstlichen Rang, eine Tendenz, die sich unter den letzten Hochmeistern aus fürstlichen Häusern verstärken sollte und den Weg in die Säkularisierung erleichterte.

2. Die Balleien im Reich im 14. und 15. Jahrhundert

Der Verlust der Besitzungen im Heiligen Land 1291 und die Verlegung des Haupthauses auf die Marienburg 1309/25 erhöhten die Bedeutung der Balleien im Reich. Sie waren fortan nicht nur das wichtigste Rekrutierungs- und Versorgungsgebiet, sondern bildeten nunmehr das unmittelbare Hinterland des verbliebenen Einsatzgebiets im Baltikum. Damit wurde auch die Bindung an den deutschen Adel und das Königtum immer enger, bis hin zur direkten Einbindung des Ordens in die Politik der römisch-deutschen Herrscher. In der Folge entwickelte sich der Deutschmeister im 15. Jahrhundert zum Gegenspieler des Hochmeisters.

Der Deutschmeister stützte sich im Reich zunächst auf die Balleien, die nicht der Ordensleitung bzw. der hochmeisterlichen Kammer unterstellt waren. Seit der Mitte des 14. Jahrhunderts übernahmen die Deutschmeister die Verantwortung für die Balleien im Mittelmeerraum und führten deshalb teilweise den Titel eines «Meisters in deutschen und welschen Landen». Vor allem im Rhein-Main-Neckar-Raum verfügten sie zudem über einige ihnen direkt unterstellte Ordenshäuser. Neben der als wichtigster Sitz dienenden Burg Horneck, die die Bestände des 1525 im Bauernkrieg zerstörten deutschmeisterlichen Archivs beherbergte, waren dies die Kommenden in Sachsenhausen bei Frankfurt, Prozelten, Weinheim, Weißenburg im Elsass, Mainz, Speyer, Waldbreitbach sowie – als nördlichste und deshalb 1371 an die Ballei Altenbiesen verkaufte – Ramersdorf bei

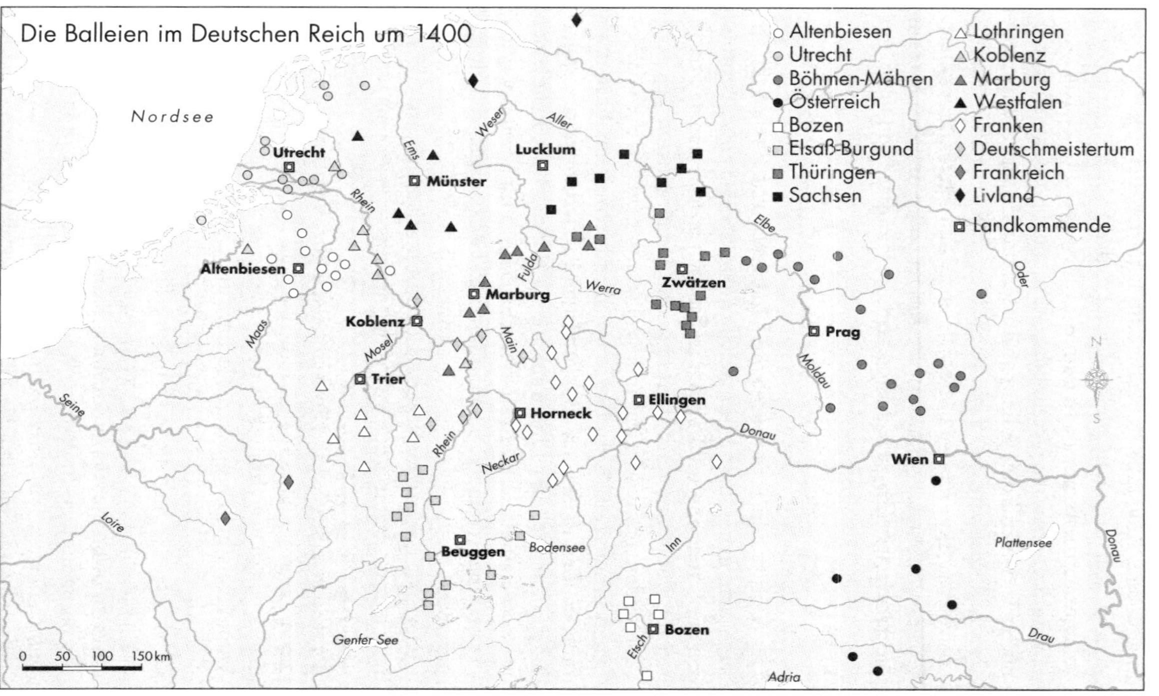
Die Balleien im Deutschen Reich um 1400
Altenbiesen
Utrecht
Böhmen-Mähren
Österreich
Bozen
Elsaß-Burgund
Thüringen
Sachsen
Lothringen
Koblenz
Marburg
Westfalen
Franken
Deutschmeistertum
Frankreich
Livland
Landkommende
Nordsee
Utrecht
Münster
Lucklum
Altenbiesen
Marburg
Zwätzen
Koblenz
Prag
Trier
Ellingen
Horneck
Wien
Beuggen
Bozen
Ems
Weser
Aller
Rhein
Elbe
Fulda
Werra
Oder
Maas
Main
Mosel
Moldau
Seine
Donau
Neckar
Loire
Bodensee
Inn
Plattensee
Genfer See
Etsch
Drau
Adria
N
S
0
50
100
150 km

Bonn. Wohl unter dem Deutschmeister Wolfram von Nellenburg (1331–1361) entstand daraus, vielleicht in Analogie zur hochmeisterlichen Kammerbildung, das «Deutschmeistertum».

Die räumliche Lage dieser Häuser führte in der Folge zu einer engen Kooperation der Deutschmeister vor allem mit den Landkomturen und Gebietigern in Franken. Die fränkische Kommende Mergentheim entwickelte sich zum zweiten Sitz der Deutschmeister, so dass Hochmeister Paul von Rusdorf um 1427 den Landkomtur aufforderte, das Haus zusammen mit dem in Heilbronn dem Deutschmeister zu übergeben. Schon im 14. Jahrhundert bedienten sich die Deutschmeister für ihre Entscheidungen zusätzlich zu ihren eigenen Ratgebern des Rats der Gebietiger der Ballei Franken. Im 15. Jahrhundert wurde dies die Regel, unter Ausschluss der anderen Landkomture, als die Bindung des Deutschmeisters an ihren Rat nach der Wahl Eberhards von Stetten 1444 sogar in einem Vertrag fixiert wurde.

Dadurch wurde die ohnehin große Bedeutung der süddeutschen Balleien noch erhöht – bis hin zur Erhebung des Deutschmeisters. Nach dem Rücktritt Reinhards von Neipperg 1489 trafen die fränkischen Gebietiger die Vorentscheidung über seine Nachfolge. Der von ihnen benannte Andreas von Grumbach wurde zunächst von den Landkomturen als Statthalter bestätigt und dann als einziger Kandidat vom Hochmeister zum Deutschmeister berufen. Dieses Verfahren prägte auch die Einsetzung der nächsten Deutschmeister und wurde schließlich 1524 durch Hochmeister Albrecht von Brandenburg als Regelfall akzeptiert. Schon seit längerer Zeit kamen die Deutschmeister fast immer aus Franken; dies wurde ohne nennenswerten Widerspruch der anderen Landkomture hingenommen. Ein gewisser Widerstand regte sich nur bei den finanziellen Forderungen der Deutschmeister, die spätestens im 15. Jahrhundert feste Zahlungen aus den Balleien erhielten, daneben aber noch weitere Gelder zu erheben suchten. Dagegen verbanden sich nach 1500 die Balleien im Nordwesten des Reichs, Utrecht, Altenbiesen, Westfalen und Lothringen, die seit dieser Zeit ohnehin zunehmend eigene Wege gingen, ebenso wie gegen Geldforderungen des Hochmeisters.

Eine Ursache für diese Haltung war zweifellos auch die schwierige wirtschaftliche Lage der Balleien im Reich im 14. und 15. Jahrhundert. Schon seit dem Beginn des 14. Jahrhunderts gingen die erwirtschafteten Überschüsse überall zurück, während die Schenkungen an den Orden aufhörten. Das war nicht zuletzt die Folge der – regional unterschiedlich intensiven – Agrardepression, die schon mit den Missernten und Hungersnöten der Jahre 1315/17 einsetzte und durch die Große Pest von 1349/51, nachfolgende Pestwellen und zahlreiche militärische Konflikte verschärft wurde, von den Auswirkungen des Hundertjährigen Krieges zwischen England und Frankreich auf den Westen des Reiches bis hin zu den zahlreichen Fehden des 15. Jahrhunderts. Die seit dem Amtsantritt Philipps von Bickenbach (1361) belegten Visitationen des deutschen Gebiets zeigen vor diesem Hintergrund eine zunehmende Verschuldung der Ordenshäuser. Am Ende musste Siegfried von Venningen 1386 bei Hochmeister Konrad Zöllner von Rotenstein ein Darlehen von 60 000 Gulden aufnehmen, um Kredite abzulösen, doch seine Nachfolger konnten die dafür verpfändete Ballei Elsass-Burgund selbst dann nicht auslösen, als Konrad von Jungingen die Schuldsumme 1396 auf 10 000 Gulden reduziert hatte.

Die Forderungen des Hochmeisters Heinrich von Plauen nach dem Ersten Thorner Frieden 1411 stellten die Balleien mithin vor große Probleme, ebenso weitere Belastungen durch die Anwerbung von Söldnern. Plauens Aufruf wurde daher im November 1411 auf einem deutschen Kapitel zu Frankfurt mit dem Verweis auf die eigene Situation abgelehnt, ebenso wie das Ansinnen, dafür Ordensgüter zu verpfänden oder zu verkaufen. Zu Verkäufen von Ordensbesitz kam es allerdings 1419 in der Stadt Nürnberg, 1437 in Schweinfurt und 1460 in Archshofen, einer zur Kommende Rothenburg ob der Tauber gehörenden Burg und ursprünglich eigenständigen Komturei. Dabei folgte man allerdings meist äußeren Zwängen, nur mit einem Teil des Geldes wurde der Krieg des Ordens gegen Polen finanziert. Erst die Folgen des Zweiten Thorner Friedens von 1466 kehrten die Situation um. 1520 musste der Hochmeister die Balleien Koblenz und Bozen an den Deutschmeister verpfänden.

Zugleich sahen sich viele Balleien aber auch dem Druck der Landesherren gegenüber, die bestrebt waren, die Herrschaft über ihre Territorien zu verdichten. Die meisten nahmen zwar den Ordensbesitz unter ihren Schutz, ließen sich dies aber bezahlen oder durch Dienste für die Landesherrschaft entgelten. Zugleich griffen sie teilweise auch in Besetzungs- und Personalfragen ein.

Als besonders schwierig erwies sich die Situation in der hochmeisterlichen Kammerballei Böhmen. Schon 1393/94 wurden die reichen Kommenden in Troppau und Austerlitz durch Adlige zerstört bzw. langfristig besetzt, und die verfehlte Politik des Landkomturs Albrecht von Duba erzwang 1403 bei zweimaligen Steuerforderungen des böhmischen Herrschers die Verpfändung der Kommende Miletín in Nordböhmen.

Die Lage verschlechterte sich weiter, als der eigentlich auf der Seite des Ordens stehende König Wenzel nach 1409/10 immer neue finanzielle Forderungen erhob. Nach 1419 führte der Ausbruch der «hussitischen Revolution» zu weiteren Verlusten, so 1421 zur Zerstörung der dem Orden «gehörenden» Stadt Komotau. Am Ende blieben kaum mehr als Patronate über einige Pfarrkirchen und damit verbundene Priesterkommenden.

Wichtig waren auch die Beziehungen des Ordens und seiner führenden Vertreter zum Reich. So nahm der fränkische Landkomtur (1311–1324) und nachmalige Deutschmeister (1324–1329) Konrad von Gundelfingen bereits am Romzug Heinrichs VII. teil und wurde danach Rat und Gesandter Ludwigs des Bayern, das erste in dieser Funktion hervortretende Ordensmitglied. Er hielt auch nach dessen Exkommunikation am Herrscher fest und wurde dafür sogar 1330 postum selbst exkommuniziert. Auch seine Nachfolger konnten sich dem Reichsdienst immer weniger entziehen. Neben der Teilnahme an oder zumindest finanziellen Unterstützung von Romfahrten, die sich entgegen der kirchenrechtlichen Stellung des Ordens unter Sigismund endgültig zur Lehnspflicht wandelten, betraf dies die Teilnahme an Reichskriegen insbesondere gegen Hussiten und Türken, für die sowohl die deutschmeisterlichen wie die hochmeisterlichen Balleien Zahlungen leisteten oder – wie beim böhmischen Kreuzzug von 1431 – eigene Kontingente stellten.

Es war deshalb kein Zufall, dass die Gebietiger des Ordens in wachsendem Maße an den Hof- und Reichstagen der römisch-deutschen Könige und Kaiser beteiligt waren und dass dort im 15. Jahrhundert auch die preußische Situation immer wieder diskutiert wurde. Dabei kam es spätestens 1422 zur Entfremdung im Verhältnis zum Orden in Preußen, als die deutschen Fürsten eine Fortsetzung des Krieges gegen Polen-Litauen forderten und Hilfskontingente ausrüsteten, während sich Hochmeister Paul von Rusdorf zum Friedensschluss vom Melnosee gezwungen sah. Nachdem die Nachricht vom Frieden den Hof erreicht hatte, berichtete Deutschmeister Eberhard von Seinsheim dem Hochmeister im Juli 1423 über die Reaktion der Fürsten: Es «gefällt ihnen gar nicht, dass sich unser Orden [nur] sehr weichlich und nachsichtig seinen Feinden widersetzt und [ihnen] so leicht und leichtfertig Schlösser, Land und Leute übergeben hat, die vor Zeiten von ihren Altvorderen [...] mühevoll mit unermesslicher Vergießung christlichen Blutes gebaut, gewonnen und dem christlichen Glauben zu einem besonderen Schutz und Schild übergeben sind [...]» (Reichstagsakten, 8, 298). Er bat deshalb, den Friedensvertrag nicht mitbesiegeln zu müssen. Die Beteiligung des deutschen Adels an den Kreuzzügen gegen die Prußen wurde auch später immer wieder herangezogen, um Einfluss auf die Entscheidungen in Preußen zu gewinnen, so nach dem Frieden von Brest 1435, der letztlich zum Bruch zwischen Deutschmeister und Hochmeister führte.

König Sigismund hatte sich seit 1412 stärker auf Polen-Litauen hin orientiert, doch nicht zuletzt angesichts der Konflikte um Böhmen 1420 eine Rückwendung zum Orden hin vollzogen. Es war auch die polnische Unterstützung für die Böhmen, die Sigismunds Erben Albrecht II. 1438 in Kriegsvorbereitungen gegen Polen führte. Dabei machte er deutlich, dass er den Frieden von Brest nicht akzeptiere und eine Teilnahme des Ordens erwarte, weil dieser – wie es in einer Anweisung vom Januar 1439 heißt – vom Reich «und seinen Fürsten seinen Ursprung und durch das Blutvergießen der Adligen des Reiches Stärke und Grundlage gewonnen hat» (Reichstagsakten, 13, 736). Als sich die Stände gegen den Orden erhoben und ein neuer Krieg gegen Polen-Litauen begann, wurde zwar die Hilfe für den Orden neben dem Türkenkrieg im Mai 1454 zum zentralen Thema auf dem Tag zu Regensburg, aber es kam dennoch kein Hilfsunternehmen zustande.

Die Deutschmeister hatten inzwischen im Reich längst eine weitgehend eigenständige Stellung. Hatten die deutschen Brüder lange zwei Kandidaten benannt, aus denen der Hochmeister den Deutschmeister berief, wählten sie 1396 erstmals mit Konrad von Egloffstein nur noch einen möglichen Nachfolger des alten Deutschmeisters. Seit 1479 konnten die Hochmeister endgültig nur noch die Wahl des deutschen Ordenszweigs bestätigen.

Die Deutschmeister setzten nicht nur auf die engen Bindungen zu den deutschen Herrschern, sondern auch auf eine eigene Territorienbildung insbesondere am unteren Neckar, um Heilbronn und Horneck, und den Ausbau ihrer Herrschaftsrechte. So belehnte König Sigismund Deutschmeister Eberhard von Seinsheim 1422 mit der obersten Gerichtsbarkeit in den Städten, Burgen und Dörfern des Ordens, und die Bewohner dieser Orte banden sich schon seit dem 14. Jahrhundert an den Deutschmeister (und den Orden) als «ihren rechten Erbherrn». Bald hatten die Deutschmeister wie andere Fürsten auch ein Hofgericht, wie es unter Hartmann von Stockheim 1501 für Horneck nachweisbar ist. Ausdruck dieser Territorialisierung war die Erhebung des Deutschmeisters zum Reichsfürsten, als Maximilian I. 1494 Andreas von Grumbach die Regalien verlieh, ohne dass das Verhältnis zum Hochmeister erwähnt wurde. Karl V. nahm schließlich 1524 Deutschmeister Dietrich von Cleen zusammen mit dem Deutschmeistertum und weiteren Ordenshäusern – entgegen der ursprünglichen Freiheit des Ordens von weltlichen Bindungen – in den Schwäbischen Bund mit seinen Bündnispflichten auf. Ähnliche Tendenzen gab es überall in den Balleien, so dass die Beziehungen zu den anderen Ordenszweigen hinter der Einbindung ins Reich und die Territorien zurücktraten.

3. Der Deutsche Orden in Livland im 14. und 15. Jahrhundert

Der livländische Ordenszweig hatte schon aufgrund seiner Entstehungsgeschichte eine besondere Stellung, die sich unter anderem im Treueid, den seine Brüder den livländischen Bischöfen für Teile ihres Territoriums leisten mussten, und ihrer Rekrutierung vor allem aus dem nordwestlichen Deutschland zeigte. Während es den Hochmeistern im 14. Jahrhundert gelang, ihre Autorität stärker zur Geltung zu bringen, wurden die livländischen Meister nach der Niederlage bei Tannenberg 1410 zunehmend selbständiger. Die Ordensherrschaft in Livland bestand schließlich auch nach der Säkularisierung Preußens weiter und löste sich erst 1558/61 im Konflikt mit den Moskauer Großfürsten auf.

Der Einsatz des Deutschen Ordens in Livland begann bereits 1237 mit dem Eintritt der überlebenden Schwertbrüder. Die livländischen Landmeister sollten fortan vom Gesamtorden bestimmt werden. Dagegen gab es jedoch gelegentlich Widerstand. So konnte Karl von Trier 1322 in einer Phase innerer Auseinandersetzungen in Livland den bisherigen Vogt von Jerwen, Johann von Hoenhorst, nicht als neuen Landmeister durchsetzen. Die innere Ordnung war erst wieder hergestellt, als Hochmeister und Generalkapitel 1328 gemeinsam Eberhard von Monheim beriefen.

Die Dominanz der zentralen Institutionen hielt sich bis nach 1410, doch kam es dann angesichts der schwierigen Lage des Ordens in Preußen zu Spannungen, die durch den «Zungenstreit» zwischen der Mehrheit der Westfalen und der Minderheit der Rheinländer in Livland noch verschärft wurden. Nachdem Heinrich von Plauen den neuen, aus Westfalen stammenden Landmeister Dietrich Torck 1413 dazu verpflichtet hatte, auch Rheinländer in führende Ämter zu berufen, um den Ordenszweig besser kontrollieren zu können, entstanden zwei Parteien, von denen die «Rheinländer» meist die Hochmeister unterstützten. Während die livländischen Brüder seither jeweils zwei Kandidaten, je einen aus den Parteien, vorschlugen, beriefen die

Hochmeister immer die «Rheinländer» zu Landmeistern, bis deren Politik der Einmischung in innerlitauische Konflikte unter Franke Kerskorf 1435 in der schweren Niederlage an der Swieta endete.

Danach wurde ein Westfale ernannt, wohl mangels geeigneter Rheinländer, die die Schlacht überlebt hatten. 1438 kam es jedoch – parallel zum Streit mit dem Deutschmeister – zum offenen Konflikt mit Hochmeister Paul von Rusdorf, als dieser gegen den Willen der «westfälischen» Partei den Thüringer Heinrich von Notleben einsetzen wollte. Deren Kandidat, Heidenreich Vincke von Overberg, setzte sich jedoch in Livland durch und wurde schließlich 1441 auch von Konrad von Erlichshausen anerkannt. Seit 1470 wurden den Hochmeistern nur noch die Namen der in Livland gewählten Meister zur Bestätigung mitgeteilt.

Die älteste Residenz des Landmeisters lag in Riga, das zumeist Erzbischof und Orden gemeinsam unterstand. Diese ging jedoch in den Auseinandersetzungen mit der Stadt seit 1297 verloren. Deshalb wurde der Sitz nach Wenden verlegt, 1330, nach dem Erfolg des Ordens, kam er aber wieder zurück in die neue Burg vor den Mauern Rigas, auch wenn die Landmeister wie alle mittelalterlichen Landesherren weiterhin durch das Land zogen. Als der 1470 gewählte Meister Johann Waldhaus von Heerse eine Reform einleitete, um die zentrale Verwaltung zu stärken, richtete er seine Residenz in Fellin ein und nahm weitere Ämter unter seine direkte Kontrolle. Allerdings wurde er bereits 1471 abgesetzt und kam im Jahr darauf um. Riga wurde nach diesem Reformversuch zwar erneut Sitz der Meister, doch wurde auch Wenden weiter ausgebaut, vor allem unter Wolter von Plettenberg (1494–1535).

Eine eigene Kammer zur Versorgung des livländischen Meisters ist erst unter Wennemar von Brüggenei (1389–1402) belegt, dürfte aber schon zuvor bestanden haben. Das Haus in Riga wurde spätestens seit dem Ende des 14. Jahrhunderts nur noch durch einen Hauskomtur verwaltet, und Wenden gelangte bis zum Ende des 15. Jahrhunderts endgültig unter die Kontrolle der Meister. Daneben verwaltete die Kammer möglicherweise auch den Ordensbesitz im Reich – die Kommenden in Lübeck, in Krankow und in Bremen – sowie den Besitz in Schweden, in Årsta, der dem livländischen Meister unterstellt war. Bremen spielte vor allem für die Rekrutierung der livländischen Brüder eine wichtige Rolle. Anders als in Preußen gab es aber offenbar keine regelmäßigen Zahlungen eigenständig verwalteter Komtureien oder Vogteien an den Meister.

Der zweithöchste Vertreter des Ordens in Livland war der Landmarschall, der meist in Segewold residierte, wo bis um 1450 auch der livländische Ordensschatz verwahrt wurde. Spätestens seit dem Beginn des 15. Jahrhunderts bildete er zusammen mit den Komturen von Fellin, Reval, Goldingen, Marienburg und dem Vogt von Jerwen den inneren Rat des Meisters. Ähnlich wie in Preußen verwalteten die Gebietiger eigene Territorien, begrenzt durch die Territorien der Bischöfe, die in den Bistümern Riga, Dorpat und Ösel-Wiek jeweils zwei Drittel der Diözesen umfassten, in Kurland nur ein Drittel. Die Verwaltung des Landes wurde nach dem Kauf Estlands 1346 auch auf diese Region ausgedehnt, da der Bischof von Reval über kein eigenes Gebiet verfügte.

Anders als in Preußen gab es in den Territorien der Bischöfe wie des Ordens keine deutsche bäuerliche Siedlung, so dass auf dem Lande vor allem einheimische freie Bauern und Unfreie lebten. Daneben gab es insbesondere im estnischen Harrien und Wierland meist deutschstämmige adlige Vasallen, deren erbrechtliche Stellung 1397 durch die von Hochmeister Konrad von Jungingen als unmittelbarem Landesherrn verliehene «Jungingensche Gnade» weiter gestärkt wurde. Die Lehen konnten danach kaum mehr an den Orden zurückfallen. Letten, Liven, Kuren und Esten lebten zwar ebenfalls in den Städten, doch grenzten sich hier die deutschen Ober- und Mittelschichten insbesondere aus wirtschaftlichen Gründen von ihnen ab, indem sie die Aufnahme von «Undeutschen» in Gilden und Zünften verboten.

In Livland wirkten nicht nur die drei großen Städte Riga, Reval und Dorpat, sondern auch die kleineren Städte in der Hanse mit. Alle waren zudem an den seit 1435 belegten gesamt-livländischen Ständetagen beteiligt. Im Verhältnis zu den Städten ergaben sich für den Orden kaum Konflikte, außer mit Riga, das sich gegen eine zu starke Einflussnahme beider Stadtherren zur Wehr setzte. Im ersten großen Konflikt zwischen 1297 und 1330 verbündete sich Riga sogar mit dem litauischen Großfürsten Gedimin, musste sich aber am Ende dem Orden unter Eberhard von Monheim unterwerfen und selbst die Anwesenheit von Ordensvertretern bei den Ratssitzungen zugestehen. Allerdings ging Erzbischof Vromold von Vifhusen nach 1345 an der Kurie gegen die weit gehende Herrschaft des Ordens über Riga vor, die er als Einschränkung seiner Rechte betrachtete, so dass der Orden schließlich einlenken musste. Riga profitierte auch später von den Konflikten zwischen den Erzbischöfen und dem Orden, selbst, als sich beide Seiten 1452 im Kirchholmer Vertrag auf eine gemeinsame Verwaltung der Stadt geeinigt hatten. Denn die Konflikte brachen erneut auf. Riga begann 1481 mit Rückendeckung durch Erzbischof Stefan Grube mit der Belagerung der Ordensburg, die 1484 erobert und zerstört wurde. Erst 1491 gelang es Meister Johann Freitag von Loringhoven, die Stadt wieder unter seine Kontrolle zu bringen. Riga musste die zerstörte Ordensburg wieder aufbauen und kam nach 1525 noch stärker unter die Herrschaft des Ordens.

Das Verhältnis zu den Rigaer Erzbischöfen war aber nicht nur wegen der Konkurrenz um die Landesherrschaft gespannt, sondern auch wegen der Versuche des Ordens, das Erzbistum unter seine Kontrolle zu bekommen. Da dem Erzbischof auch die preußischen Bischöfe als Suffragane unterstanden, wollte der Orden eine dauerhafte Annahme der Deutschordensregel durch das Domkapitel erreichen, die letztlich zu einer «Inkorporation» nach dem Vorbild Kurlands und dreier preußischer Bistümer geführt hätte. Mehrfach kamen die Brüder diesem Ziel nahe, am Ende jedoch ohne Erfolg.

Nach inneren Konflikten setzte der Papst 1393 einen Verwandten des Hochmeisters Konrad von Wallenrode, Johann von Wallenrode, als neuen Erzbischof ein. Gleichzeitig verfügte er, dass nur noch Priesterbrüder des Ordens in das Kapitel aufgenommen werden sollten, und wenn diese eine Mehrheit erreichten, sollte das Kapitel dem Orden inkorporiert werden. Allerdings gab es dagegen massiven Widerstand, auch als Johann das Erzbistum 1405 für immer verließ und dem Meister die weltliche Verwaltung übertrug. Mit Johann Ambundii kam 1418 dann sogar noch ein Ordensgegner auf den erzbischöflichen Stuhl, der 1423 für das Kapitel die Abschaffung der Deutschordensregel durchsetzte. Der Orden erreichte zwar 1448 noch einmal die Wahl eines Ordensmitglieds, des hochmeisterlichen Kanzlers und Kaplans Silvester Stodewescher, zum Erzbischof. Dieser geriet jedoch bald in Gegensatz zum Orden und führte die ordensfeindliche Politik seiner Vorgänger fort.

Geleitet von eigenen Interessen, machte der livländische Ordenszweig spätestens im 15. Jahrhundert eine nahezu selbstständige Außenpolitik, vor allem gegenüber den russischen Fürstentümern. Mehrfach verbanden sich die Meister mit den Litauern, um gegen die orthodoxen Gegner vorzugehen, so 1443 bis 1448 in einem zum Kreuzzug erklärten Krieg gegen Novgorod. Als das Großfürstentum Moskau 1478 Novgorod unterwarf und auch Livland bedrohte, setzten die Meister auf eine Politik der militärischen Abwehr. So gelang Wolter von Plettenberg 1502 im Bündnis mit Litauen gegen Moskau ein wichtiger Sieg am Smolinasee, der letztlich dazu beitrug, den Bestand der Ordensherrschaft bis 1561 zu sichern.

Wolter von Plettenberg suchte die Stellung der livländischen Meister ebenfalls durch eine formale Anbindung an das Reich zu stärken. Nachdem er sich schon seit 1520 darum bemüht hatte, wurde er 1526 wie zuvor der Deutschmeister zum Reichsfürsten erhoben. In der Realität half das jedoch wenig. Die Reformation, das Versorgungsdenken und mangelnder Gehorsam der Gebietiger führten zu wachsenden Problemen. Versuche zur Erneuerung schlugen fehl. Vielmehr setzte eine Dezentralisierung ein, die die rasche Auflösung Livlands nach 1558 erklärt.

4. Der Deutsche Orden im Mittelmeerraum im 14. und 15. Jahrhundert

Die Verlegung des Hochmeistersitzes auf die Marienburg 1309 bzw. 1325 markiert die weit gehende Abkehr des Deutschen Ordens vom Mittelmeerraum. Die Häuser und Balleien in Spanien, Italien und Griechenland verloren zunehmend an Bedeutung und gerieten in Schwierigkeiten, bis hin zum Verlust umfangreicher Besitzungen am Ende des 15. Jahrhunderts. Sie wurden in der Mitte des 14. Jahrhunderts der Kontrolle des Deutschmeisters unterstellt, der sich danach häufiger «Meister in deutschen und welschen Landen» nennen ließ. Eine Ausnahme bildeten die – allerdings teilweise schon im 14. Jahrhundert verlorenen – Besitzungen in Mittelitalien, die vor der Übersiedlung der Päpste nach Avignon und nach ihrer Rückkehr 1377 durch die Generalprokuratoren an der Kurie verwaltet wurden. Diese übernahmen im 14. Jahrhundert zudem die Häuser des Ordens in Arles und Montpellier, von denen allerdings das Letztere 1344 verkauft wurde; der restliche Besitz wurde dem Orden um 1400 entfremdet.

Auch die Häuser in Spanien, La Mota und der teilweise schon im 14. Jahrhundert verkaufte Besitz in Sevilla und Cordoba, waren im 15. Jahrhundert durch Eingriffe bedroht. Während des Großen Schismas wurden sie durch den avignonesischen Papst Benedikt XIII. eingezogen und erst 1422 zurückgewonnen. Offenbar waren sie lange Zeit durch aus Deutschland stammende Brüder kontrolliert, doch lässt sich 1453 mit Juan de la Mota erstmals ein spanischer Komtur annehmen. Unter den nach 1460 amtierenden Spaniern ging die Ballei endgültig durch Entfremdung verloren.

Stabiler war die Situation lange Zeit in den Balleien Sizilien und Apulien, in denen sich der Orden nicht nur auf die Päpste und die neuen Herrscher, sondern auf Teile des regionalen Adels und die ihm verbundenen Familiaren stützen konnte. Gerade die Ballei Apulien mit dem Zentrum im 1350 anstelle Barlettas zum Landkomtursitz erhobenen San Leonardo di Siponto erfuhr im 14. Jahrhundert eine neue Blüte und produzierte Überschüsse. Allerdings brachten hier zahlreiche militärische Konflikte und die wirtschaftlichen Nöte des Ordens im 15. Jahrhundert eine Wende, wobei sich die Zahl der Brüder kontinuierlich verminderte. Nach 1466 wurde Apulien zunächst durch den Generalprokurator verwaltet, um dessen Finanzbedarf zu decken, dann führten die eigensinnige Politik der letzten Komture, Stefan Grube in Apulien, Heinrich Hoemeister in Sizilien, und die daran anschließende Übertragung an Dritte zum Verlust der Balleien (1483 bzw. 1492).

Auf der Peloponnes beteiligte sich der Orden 1316/20 an der Abwehr griechischer Angriffe gegen die lateinischen Besitzungen, doch war seine Position um Mostenitsa insgesamt zu schwach, um sich dem Vordringen der Osmanen seit der Mitte des 14. Jahrhunderts entgegenzustellen. Vielmehr mussten ihnen die Brüder zwischen 1397 und 1402 Tributzahlungen leisten. Ein Versuch, die Ballei Romania an Venedig zu verkaufen, scheiterte 1411. Bald darauf gingen Mostenitsa und andere Besitzungen des Ordens an die Byzantiner verloren, als diese zwischen 1422 und 1432 den Nordwesten der Peloponnes eroberten. Dem Orden blieb danach nur das Haus im venezianischen Modone, das um 1450 offenbar zur Strafversetzung trunk- oder spielsüchtiger Brüder genutzt wurde. Es ging verloren, als die Stadt im Jahr 1500 von den Türken erobert wurde. Anfang des 16. Jahrhunderts waren damit die meisten der im 13. Jahrhundert erworbenen Besitzungen im Mittelmeerraum wieder verloren.

Im 15. Jahrhundert kehrte der Orden kurzzeitig nach Ungarn zurück. Die polnisch-litauische Union von 1386 und die Niederlage bei Tannenberg führten zu dem Vorwurf, der Orden komme seinen Aufgaben nicht mehr nach, und gerade von polnisch-litauischer Seite wurde ins Feld geführt, der Orden solle sich den eigentlichen Gegnern der Christenheit, Mongolen und Osmanen, entgegenstellen. Dies nutzte 1429 auch der römisch-deutsche und ungarische König Sigismund, der im selben Jahr die Brüder in seiner Verschreibung über die Neumark mit traditioneller Rhetorik dafür lobte, «dass die heilige Christenheit durch ihre Mühe, Arbeit und Sorgfalt hinter ihnen wie hinter einem festen Schild in gutem Frieden gesessen [hat] und wie in einem Garten der Ruhe erquickt [worden] ist» (Tabulae, 205).

Als «Schild der Christenheit» konnte sich der Orden kaum einem Ruf zum Kampf gegen die Osmanen versagen, so dass Hochmeister Paul von Rusdorf sich bereit fand, ein erstes Kontingent von sechs Brüdern unter Nikolaus von Redwitz zusammen mit einem Aufgebot aus Kriegern und Handwerkern nach Ungarn zu senden. Sigismund übertrug ihnen Land und mehrere Burgen bei Severin an der Donau, in einer Grenzregion nicht weit vom Burzenland. Obwohl der Generalprokurator an der Kurie noch im Mai 1430 Nachricht erhielt, die Dinge entwickelten sich günstig, veränderte sich die Situation spätestens im Sommer 1432 zum Schlechten. Der ungarische Adel verhinderte die hinreichende Befestigung der Ordensburgen und leistete keine Hilfe bei türkischen Angriffen. Ein Teil der Stützpunkte ging verloren, etliche aus dem Ordenskontingent fanden den Tod. Die Brüder hielten unter schlechten Bedingungen noch bis 1434 in drei Burgen aus, bis der Hochmeister das ohnehin nur halbherzige Engagement des Ordens beendete.

Der Zweite Thorner Friede führte danach zum erneuten, aber ebenfalls wenig erfolgreichen Einsatz des Ordens gegen die Osmanen. 1485, als die Türken die Wallachei verwüstet hatten, war das vom Orden zum polnischen König entsandte Kontingent zu klein und wurde deshalb nach Preußen zurückgeschickt. 1497 nahm Hochmeister Johann von Tiefen immerhin mit mehreren führenden Ordensbrüdern, 1500 Reitern und rund 2500 weiteren Kämpfern am polnisch-litauischen Feldzug gegen die Osmanen teil, erkrankte aber auf dem Weg in Lemberg und starb. Während die Würdenträger des Ordens seinen Leichnam nach Preußen zurückbegleiteten, fielen die meisten ihrer Männer in der nachfolgenden Schlacht, die in einer schweren Niederlage endete. Die Basis des Ordens in Preußen war zu schwach, um noch größere Unternehmungen zu organisieren. Dadurch und durch den Verlust der Besitzungen im Mittelmeerraum war das Einsatzgebiet im 14. und 15. Jahrhundert weitgehend eingeschränkt.

5. Die Wirtschaftsführung

Die Ziele des Ordens ließen sich ohne hinreichende wirtschaftliche Grundlage nicht verwirklichen. Die Ordensleitung musste also darauf bedacht sein, den aus Schenkungen und Käufen erwachsenen Ordensbesitz zu vermehren und effektiv zu nutzen. Die Basis dafür bildeten fast überall landwirtschaftliche Einkommen, d.h. die Kontributionen der Bevölkerung und die Erträge aus Eigenwirtschaft. Die landesherrlichen Einnahmen in Preußen aus Münzprägung, Zöllen und Steuern traten dahinter ebenso zurück wie die Erträge aus dem in Preußen betriebenen Ordenshandel. Erfolge waren damit weitgehend von äußeren Faktoren wie den Folgen der Pest, Kriegen und Natureinflüssen abhängig. Insbesondere im 15. Jahrhundert kam es zu massiven Zerstörungen und Wüstungen durch Kriege und Fehden im Reich wie in Preußen.

In Preußen beruhte die starke wirtschaftliche Stellung des Ordens im 14. Jahrhundert auf einem funktionierenden System von Ämterwechseln, bei denen die lokal erwirtschafteten Überschüsse an die zentralen Kassen abgeführt wurden. Spätestens seit 1364 wurden bei jeder Amtsübergabe Inventare angelegt, die der Ordensleitung zusammen mit Visitationsakten, Zinslisten und anderen Dokumenten die Kontrolle der Wirtschaftsführung der Gebietiger ermöglichten. Aus den «Wandelgeldern», den Zahlungen beim Ämterwechsel, kamen um 1400 rund 6000 Mark jährlich in die zentralen Kassen des Ordens. Zusätzlich überwiesen einige Gebietiger rund 4000 Mark an Zinsen an den Hochmeister, dessen von Tressler und Großkomtur verwaltete Einkünfte zumeist über 20 000 Mark betrugen.

Basis dieser Einkünfte waren die Geldzinse der deutschrechtlichen Dörfer, da der Orden 50–60% der Böden direkt kontrollierte und zumeist an zinspflichtige Bauern vergeben hatte. Offenbar abhängig von der Fruchtbarkeit der Böden waren je Hufe zwischen ½ und 2 Mark, seltener 4–10 Mark zu entrichten. Allein in der Komturei Marienburg mit dem fruchtbaren Großen Werder erbrachte dies um 1400 jährlich bis zu 8000 Mark. Dazu kamen Naturalabgaben wie Hühner, Honig und Pfeffer sowie das Getreide insbesondere der prußischen Dörfer. Die anderen Komtureien, Vogteien und Pflegeämter verfügten auf diese Weise zur selben Zeit zusammen über Einkünfte von rund 40000 Mark.

Überdies spielte für die Versorgung der Ordensbrüder die Eigenwirtschaft eine zentrale Rolle. Auf den Ordenshöfen betrieben Hofleute, Knechte und Mägde Ackerbau und Viehzucht. Selbst eine relativ kleine Komturei wie Althaus-Kulm baute vor 1440 allein auf 12 Hufen (rund 200 ha) Hafer an, und der Komtur zu Thorn konnte um 1420 mit mehr als 140 Last (etwa 280t) Gerste aus seinen Höfen rechnen. Die Viehhaltung erreichte schon um 1400 einen Höhepunkt, als es auf den Ordenshöfen in Preußen insgesamt rund 10000 Rinder, 21000 Schweine und 60000 Schafe, aber auch Ziegen, Gänse und Bienen gab. Damit wurden große Mengen Butter, Käse, Wolle und Felle produziert. So erhielt das Haus Elbing um 1386 aus den Höfen jährlich 12 Tonnen Butter, auf die Marienburg wurden aus den Höfen vor 1410 300 Lämmerfelle für die Bekleidung der Ordensbrüder geliefert. Bei einigen Ordensburgen gab es Weinbau, so in Althaus-Kulm, das vor 1440 jährlich bis zu 15 Fass (etwa 2800 Liter) Wein produzierte, auch wenn dieser wegen seiner minderen Qualität vor allem dem Personal vorbehalten blieb.

Auch gewerbliche Produkte wurden auf den Burgen selbst hergestellt. Allein auf dem Ordensschloss in Elbing arbeiteten um 1386 rund 150 Handwerker und Knechte. Darunter fanden sich jedoch nur wenige Meister und qualifizierte Handwerker, so dass sie selten mit den städtischen Handwerkern konkurrierten. Vielmehr kam es gelegentlich zur Kooperation, wenn Tuchmacher Wolle beim Orden kauften oder Gerber Leder zur Weiterverarbeitung in den Burgen verkauften. Der Orden deckte sich ohnehin bei den städtischen Handwerkern ein, wenn besondere Produkte benötigt wurden oder die eigenen Möglichkeiten nicht ausreichten.

Die Kriege in Preußen seit 1409 führten jedoch in Folge von Wüstungen von bis zu einem Drittel der Böden zu einem Einbruch. Parallel dazu gingen die Erträge aus der Eigenwirtschaft zurück.

In der Folge hatten die Amtsträger keine Überschüsse mehr, die als «Wandelgelder» an die zentralen Kassen abgeführt werden konnten. Zugleich sanken die Zinseinnahmen des Hochmeisters. Trotz der immer häufiger eingeforderten Umlagezahlungen der Gebietiger («Geschoss») gingen die Einkünfte der zentralen Kassen fast um die Hälfte zurück.

Der Verlust der lokalen Ämter fiel zwar geringer aus, da jedoch die Ausgaben für den Unterhalt der Konvente im Wesentlichen gleich blieben, konnte es auch so zu einer Verschuldung kommen. Zugleich wandelte sich die Einstellung der Amtsträger. Nach der an Paul von Rusdorf gerichteten «Ermahnung des Kartäusers» von 1427 wurden sie nunmehr durch ihre Oberen angehalten, sich ihren Unterhalt in den Ämtern selbst zu sichern, ein in der Forschung als «Verpfründung» beschriebener Prozess. Dabei suchten die Brüder ihre Einkünfte selbst auf Kosten der Untertanen zu mehren.

Der Finanzbedarf der zentralen Kassen war damit kaum zu decken. Der größte Teil der Ausgaben entfiel auf die Versorgung von Ordensbrüdern und Konventen, Bauten und Nahrung sowie auf Zahlungen an Untertanen, Umritte des Hochmeisters, Gesandtschaften und Geschenke an landfremde Adlige und Fürsten. Nach 1410 führten nicht nur Soldzahlungen und Kontributionen zunehmend zu Belastungen, auch die Ausgaben für den diplomatischen Verkehr und für Repräsentation und Landesherrschaft nahmen zu. Die 1411 und 1412/13 erhobenen, danach aber nicht mehr durchsetzbaren Steuern halfen nur bei der Bezahlung der Kontributionen. Selbst die Einkünfte aus dem ursprünglich hansischen, dann als landesherrliche Abgabe erhobenen Pfundzoll auf Waren und Schiffe sowie aus der Münzprägung trugen nur geringfügig zur Entschärfung der finanziellen Probleme bei.

In der Kritik der preußischen Stände spielte – nicht zuletzt aus späterer Perspektive – der Eigenhandel des Ordens eine zentrale Rolle. Auf einem Ständetag 1482 wurde selbst der Ausbruch des Ständekrieges darauf zurückgeführt: «Der Herr Hochmeister war ein Kaufmann geworden, [und] weil die Herren [Ordensbrüder] vor dem Krieg Handel trieben, begann der

Krieg, und sie wurden deshalb vertrieben» (Acten der Ständetage, 5, 382). Die Grundlage für diesen Handel bildeten die Privilegien Alexanders IV. und Urbans IV. von 1257 bzw. 1263, die dem Orden den Handel mit Überschüssen selbst erzeugter Produkte erlaubten, um sich mit notwendigen Waren zu versorgen. Dies stand auch während der Blütezeit des Ordenshandels um 1400 im Zentrum. So hatten die beiden Großschäffer zu Marienburg und Königsberg, die den Ordenshandel leiteten, an ihre Konvente und andere Ordenshäuser ein weites Spektrum an Waren zu liefern. Gestützt auf die Überschüsse an Getreide, auf das Bernstein-Monopol des Ordens sowie auf den Export von Holz, Asche, Wachs, Teer und Flachs, führten sie Wolle, Tücher, Salz, Öl, Fisch und Luxuswaren wie Gewürze, Wein, Zucker und Seide ein, die zuerst den Ordenshäusern zugute kamen, bevor weitere Waren im Land verkauft werden konnten.

Das um 1400 voll entwickelte System des Ordenshandels gründete – anders als dies die spätere Sicht nahelegt – nicht auf der Konkurrenz, sondern auf der Kooperation mit den preußischen Kaufleuten, die für den Orden im gesamten Hanseraum tätig waren und dafür auch die hansischen Privilegien nutzten. Die Jahre um 1400 markieren den Höhepunkt des Ordenshandels. Der Handel ging erst zurück, als die preußischen Kaufleute ihre Unterstützung entzogen. Nach 1410 herrschten in den Schuldbüchern der Großschäffer vor allem «ungewisse Forderungen» vor; selbst die Versorgung der Konvente wurde schwieriger.

Handel und Geldgeschäfte lassen sich kaum trennen, da die Großschäffer viele ihrer Waren auf Kredit verkauften. Obwohl der Deutsche Orden anders als die Templer keine Bankgeschäfte tätigte, vergaben die Brüder um 1400 zahlreiche größere Kredite, meist in politischer Absicht an Fürsten und Städte, um sie für ein Bündnis zu gewinnen. In Preußen selbst verliehen die Großschäffer, die seit dem Ende des 14. Jahrhunderts vom Orden gestellten Münzmeister, aber auch andere Brüder Gelder an Kaufleute und Städte. Die Zinsnahme wurde 1386 durch eine Landesordnung des Hochmeisters Konrad Zöllner von Rotenstein auf höchstens 1 Mark je 12 Mark Darlehen, d. h. auf einen

Zins von 8,33 %, beschränkt, doch forderte selbst der Orden teilweise höhere Zinsen. Einen Extremfall stellte der letzte Münzmeister zu Thorn, Hans von Lichtenstein, dar, der vor 1454 – allerdings nicht bei einem Darlehen, sondern für die Beschaffung von Silber für die Münze – einen Zins von immerhin 32 % erheben wollte.

Im Reich erreichten die Pachterträge an Getreide noch im 15. Jahrhundert ähnliche Dimensionen wie die Einkünfte aus Geldzinsen. In Eigenwirtschaft wurde vielfach Getreide angebaut, vor allem in der Nähe der großen Städte. Wenn nicht eine gewisse Konzentration des Besitzes vorlag, waren die Ländereien zumeist verpachtet, wobei im 14. und 15. Jahrhundert Erbpacht oft durch Zeitpacht abgelöst wurde. Von größerer Bedeutung war daneben die Verpachtung im Teilbau, d.h. unter Beteiligung an der Ernte, bei Sonderkulturen wie Weinbergen. Die Kontrolle der verpachteten Besitzungen erfolgte im späteren Mittelalter durch sogenannte Kastner bzw. «Überreiter», die die Abgaben an den Orden einzuziehen hatten.

Überschüsse erlaubten auch im Reich Handelsgeschäfte. So nutzte die Ballei Koblenz schon seit dem 13. Jahrhundert ihre Zollprivilegien, um ihre Weine nach Kampen bzw. Dordrecht und von dort aus nach Antwerpen und Mecheln zu senden, und importierte mit den Erlösen unter anderem Tuche aus Mecheln sowie Salz und Heringe aus Kampen, Dordrecht und Antwerpen.

Die Balleien im Reich leisteten um 1400 nur geringe Beiträge zur Finanzierung der Politik des Ordens in Preußen. Die Kosten für die Anwerbung von Söldnern für die Kriege gegen Polen-Litauen ließen sich die deutschmeisterlichen Balleien vielfach erstatten, nur die Kammerballeien wurden finanziell belastet. So musste die Ballei Koblenz beim Ausbruch des Dreizehnjährigen Krieges 1454 die Zahlungen von Leibrenten übernehmen, mit denen der Hochmeister 1445 auf das Ordenshaus zu Mecheln eine größere Summe aufgenommen hatte.

6. Das Alltagsleben

Die Wirtschaftsführung des Ordens diente nicht zuletzt dazu, den Brüdern, die – zumindest mit ihrem Gelübde – auf persönliches Eigentum verzichtet hatten, eine angemessene Versorgung im Alltag zu sichern, vor allem mit Nahrung, Kleidung und Gebrauchsgütern. Dabei gab es allerdings sowohl regional wie auch der Stellung im Orden nach erhebliche Unterschiede. So lässt sich das Alltagsleben kaum zusammenfassend beschreiben, zumal die Quellen immer nur vereinzelt Einblicke gewähren. Am dichtesten ist die Überlieferung für die Ritterbrüder in Preußen.

Der Tagesablauf gliederte sich wie bei den monastischen Orden durch die sieben kanonischen Stundengebete und den Besuch der Messe. Ihre Bedeutung noch um 1400 zeigt sich unter anderem daran, dass zumindest in Einzelfällen Tragaltäre für Ritterbrüder belegt sind, die feierlichere Stundengebete oder gar Messen unterwegs erlaubten. Die Hauptgebetszeiten lagen am frühen Morgen und am Abend (Matutin, Vesper), ergänzt durch Gebete zur ersten, dritten, sechsten und neunten Stunde des Tageslichts sowie das Komplet (vor dem Schlafengehen). Zwischen Komplet und erster Stunde durfte nicht gesprochen werden. Man schlief im gemeinsamen Schlafsaal und in angemessener Kleidung. Das galt um 1400 nur noch für die einfachen Brüder, während die höheren Amtsträger und jene in kleineren Häusern eigene Räume hatten.

Der Tagesablauf variierte naturgemäß mit den Aufgaben im Orden, doch kann man für die gut versorgten Ritterbrüder davon ausgehen, dass sie sich meist adelstypischen Beschäftigungen widmeten. So bietet das Marienburger Tresslerbuch Belege für Spielschulden des Hochmeisters Ulrich von Jungingen beim Brettspiel, nicht jedoch beim verbotenen Würfelspiel. Auch finden sich Hinweise auf die Jagd.

Bei den Ritterorden herrschte eine erhebliche Mobilität: In Preußen gab es ein eigenes Botensystem; oft wurden Zeiten und Stationen des Reisewegs auf der Außenseite der Briefe vermerkt. Aber nicht nur Bedienstete, auch Brüder waren mit verschie-

Das Diptychon des Thile Dagister von Lorich, Hauskomtur zu Elbing, wurde in der Schlacht von Tannenberg erbeutet und befindet sich heute im Warschauer Armeemuseum. Das wohl als Feldaltar dienende Stück (17,8 mal 10 cm) enthält Reliquienfächer. Es zeigt den Hauskomtur, der, unterstützt von der hl. Barbara, Maria und das Christuskind anbetet. Sein Wappen hängt von den Bögen herab.

densten Aufgaben unterwegs. So erschienen etwa im Januar 1402 nacheinander zwei Brüder aus den Häusern Engelsburg und Rehden auf der Marienburg, und zur selben Zeit reiste der Hochmeister-Kaplan Arnold Stapil zur Visite in ein Nonnenkloster. Auch die Hochmeister waren nicht ständig auf der Marienburg; sie bereisten zu Pferde und im Wagen im Wechsel den Osten und Westen des Ordenslandes.

Sie traten dabei fast wie Fürsten auf, wurden in den Städten, Dörfern und Höfen von Chorschülern, Einwohnern und Bittstellern empfangen, gaben Belohnungen und Almosen und leisteten Hilfszahlungen. So entlohnte Ulrich von Jungingen einmal eine Frau, die ihm Lilien geschenkt hatte, und sein Vorgänger Konrad von Jungingen gab einer Gruppe von Mädchen aus Marienwerder, die ihm vielleicht vor der Stadt am Flüsschen Liebe etwas vorgeführt hatten, eine kleinere Summe Geldes. Bei den Umritten der Hochmeister lassen sich einige bevorzugte Aufenthaltsorte nachweisen. Das waren zum einen die Ordenshäuser in den großen Städten wie Elbing, Thorn und Danzig, zum anderen kleinere Ordenshäuser wie insbesondere Stuhm. Dort entwickelte sich eine Art Nebenresidenz, wo man für den Hochmeister einen eigenen, wenn auch eher bescheidenen Tiergarten anlegte, während auf der Marienburg zeitweilig Affen gehalten wurden.

Die Hofhaltung der Hochmeister war auf Repräsentation angelegt. Die Aufnahme von Boten und Gesandten der Fürsten, Teilnehmern an den Litauerfeldzügen, hohen Amtsträgern des Ordens und Vertretern der Stände wurde kostspielig arrangiert und zur Selbstdarstellung des Ordens genutzt. So ließ Konrad von Jungingen 1403 seinen Empfangssaal auf der Marienburg mit Bildnissen seiner Vorgänger ausstatten und besaß silbernes Besteck und vergoldetes Geschirr, das 1408 für seinen Nachfolger umgearbeitet wurde. Für die jährlich als Geschenk an die Fürsten versandten Falken wurden jeweils kleine Schilde mit dem Hochmeisterwappen gefertigt. Überhaupt wurden Fürsten und ihren Frauen kostbare Geschenke gemacht, dem böhmischen König Wenzel z.B. ein Trinkgefäß aus einem Horn, der Frau des litauischen Großfürsten Witold zwei Tasteninstrumente oder Markgraf Johann von Brandenburg ein weißes Bernsteinpaternoster. Zur Unterhaltung trugen auf der Marienburg wie unterwegs Spielleute bei, Pfeifer, Fiedler und Lautenschläger.

Die untergeordneten Amtsträger und die Brüder in den kleineren Ordenshäusern mussten sich zuerst um die Wirtschaftsführung kümmern, hatten dafür aber zahlreiche Bedienstete. So arbeiteten um 1450 für das kleine Ordenshaus Seesten bis zu 39 Personen unter einem Ritter- und einem Priesterbruder. Bei Konventen mittlerer Größe dürfte das Personal, für das die Amtsträger verantwortlich waren, immer noch mindestens das Zwei- bis Dreifache der Zahl der Ritterbrüder betragen haben. Als Verwaltungszentren für ihre Gebiete kam insbesondere den Konventsburgen regional eine ähnliche Funktion zu wie der Marienburg für das gesamte Land. Boten, untergeordnete Amtsträger, Untertanen, die Recht und Hilfe suchten, und Abhängige, die Abgaben ablieferten, gingen ein und aus. Die

Komture hatten dort faktisch eine eigene Hofhaltung. Der Komtur zu Althaus-Kulm zahlte z.B. 1436/37 für reisende Ordensbrüder, Briefboten, Chorschüler zu Kulm, Spielleute und Sänger, einen Wappenrock, Tischdecken, Gläser und Kannen.

Die zunehmend adlige Lebensführung der Ritterbrüder führte auch bei der Ernährung zu vielfältigen Änderungen. Schon in der Regel waren angesichts der kriegerischen Aktivitäten der Brüder gegenüber den monastischen Orden großzügigere Bestimmungen erforderlich: «An den drei Tagen, am Sonnabend und am Dienstag und am Donnerstag, ist den Brüdern dieses Ordens erlaubt, Fleisch zu essen, an den anderen drei Tagen dürfen sie Käse und Eier essen, und am Freitag sollen sie Fastenspeise essen» (Statuten, 40). Das Essen wurde durch Gebete der Priesterbrüder eröffnet, während des Essens wurde eine Tischlesung gehalten, und die Brüder hatten zu schweigen. Dies blieb zwar gültig, doch wurde der «Speiseplan» wesentlich ergänzt.

Um 1400 wurden die Nahrungsmittel, die nicht ausreichend selbst produziert wurden oder als Abgaben geliefert wurden, eingekauft. Dazu zählte vor allem Fleisch von Rindern, Schafen und Schweinen, Wild und Geflügel, aber ebenso Fisch, insbesondere Stockfisch und schonischer Hering. Das als Konservierungsmittel notwendige Salz wurde in großen Mengen auf den Schiffen der Hansestädte aus Südfrankreich und Lüneburg importiert, dazu kamen Gewürze und Südfrüchte: Zucker, Ingwer, Muskat, Gewürznelken, Safran, Pfeffer, Mandeln, Rosinen, Datteln und Feigen, aber auch Reis, Mohn, Senf und Kümmel – die spätmittelalterliche Küche war oft stark gewürzt. Eine besondere Rolle spielten die Krude, ein geleeartiges Konfekt aus verdicktem und stark gewürztem Fruchtsirup, das neben den Zuckerhüten aus dem Mittelmeerraum vor allem auf Ordensversammlungen und am hochmeisterlichen Hof massenhaft konsumiert wurde.

Probleme bei der Versorgung mit sauberem Wasser machten überall leichte Biere oder Weine zu den wichtigsten Getränken. Einen gewissen Eindruck vom Getränkeverbrauch gibt die Schätzung des Kellermeisters einer kleineren, 1408 in Samaiten eingerichteten Ordensburg, der angab, er bräuchte für Herren und Knechte 1 Last (rund 2000 Liter) Bier in der Woche. Schon deshalb dürften in allen Häusern Braupfannen gestanden haben, wie auch – insbesondere im Süden des Ordenslandes – selbst Wein produziert wurde. Für die Ordensbrüder und ihre Gäste wurden aber Bier und Wein gekauft bzw. importiert: für den Komtur zu Althaus-Kulm etwa 1436/37 Danziger Bier, französischer und Rheinwein, für den Hochmeister und seinen Hof um 1400 weiterhin Elbinger, Bromberger und Wismarer Bier, Wein aus der Lausitz, Ungarn, Oberitalien und dem Elsass sowie Südweine wie den Malvasier.

Bei der Kleidung musste das Personal der Ordenshäuser wiederum meist mit den Erzeugnissen des Landes, etwa Graugewand aus Marienburg, vorlieb nehmen. Dagegen wurde für Ulrich von Jungingen zwar Ende 1409 ein Danziger Seidensticker beauftragt, einen kostbaren Wappenrock mit einem Kreuz zu schmücken, doch kamen die Materialien der hochmeisterlichen Kleidung meist von außerhalb ins Land: weiches sämisches Leder für Hosen, kostbare Pelze wie Zobel, Marder und Fuchs. Importiert wurden weiter Samt, Seide, Atlas und Borten unter anderem für Kissen und Handtücher. Andere Ordenshäuser hatten einen ähnlichen Bedarf. So erhielten die Danziger Brüder um 1400 Mäntel aus Mechelner Tuch, große Kapuzen(mäntel) aus Yperner und Leidener Tuch, Hosen aus englischem Stoff, Hemden und Laken aus westfälischer Leinwand und dazu noch Pelze und Decken aus schottischem Lammfell. Selbst für die Diener war hier – wohl einfacheres – Tuch aus Leiden vorgesehen. Die Ausstattung eines einzelnen Ritterbruders dürfte nicht selten den Jahreslohn eines Handwerkers überschritten haben.

7. Kultur und Literatur

Der Deutsche Orden war in allen Regionen, in denen er gewirkt hat, Förderer und Nutznießer verschiedenster kultureller Aktivitäten, ohne dass es so etwas wie eine Deutschordensarchitektur oder Deutschordensliteratur im eigentlichen Sinne gegeben hätte. Vielmehr setzte man regionale Baumeister ein oder bediente sich vorhandenen Schrifttums, um die eigenen Ziele zu erreichen – erst dabei entstanden auch eigene Formen, die aber immer regionalen Vorbildern verpflichtet blieben.

Das gilt gerade für die Architektur. Die restaurierten oder in Überresten erhaltenen Bauten, von Montfort im Heiligen Land bis La Mota in Spanien, von Sizilien bis Estland, spiegeln regionale Einflüsse. Bei den Kirchen unter Ordenspatronat darf auch der Einfluss der Gemeinden nicht unterschätzt werden, die zumeist den Kirchenbau finanzierten. Eine gewisse Ausnahme bilden die im Baltikum seit dem Ausgang des 13. Jahrhunderts – vielleicht nach einem Vorbild aus dem Heiligen Land (Belvoir) – errichteten Burgen, die dem «Konventshaustypus» zugeordnet werden. In einer quadratischen, im Idealfall auch vierflügeligen Anlage waren alle Räume untergebracht, die eine geistliche Gemeinschaft benötigte: Kapitelsaal, Kapelle, Dormitorium (Schlafraum), Remter (Refektorium) und Infirmarie (Krankensaal). Die Form der Befestigung erlaubte eine leichte Verteidigung gegen Angriffe, zusätzlich gab es teilweise vorgelagerte (Abort-) Türme. Vorformen dieser Burgen finden sich am Frischen Haff: Elbing, Brandenburg, Lochstedt und Balga, Anlagen in der beschriebenen Form wurden in Rehden, Mewe und Strasburg in den Jahren bis 1330 erbaut. Auch das Hochschloss der Marienburg entspricht diesem Typus, wurde aber durch umfangreiche, noch im 15. Jahrhundert erweiterte Bauten für die hochmeisterliche Residenz ergänzt. Dazu gehören der Große Remter für Empfänge sowie das baulich vorspringende, um 1400 abgeschlossene Hochmeisterschloss mit den persönlichen Räumen und der Kapelle der Hochmeister sowie Sommer- und Winterremter.

In vielen der Burgen und Kirchen gab es reichen figürlichen und bildlichen Schmuck, der heute meist verloren ist. Auf der Marienburg hat sich noch von der ersten Burgkapelle (1331/44) das Portal, die «Goldene Pforte», erhalten, die in den Archivolten Figuren der Ecclesia und Synagoga, die klugen und törichten Jungfrauen, Dämonen und andere Mischwesen zeigt und wohl den Kampf des Ordens gegen die Heiden versinnbildlichen soll. In der 1945 zerstörten Burg Lochstedt, 1327–1506 Sitz eines Pflegers, befand sich in dessen Räumen ein umfangreiches Bildprogramm (um 1390), das neben biblischen Szenen die

Heiligen Christopherus und Georg, die Neun guten Helden sowie Würdenträger des Ordens zeigte. Auch auf anderen Burgen beschäftigte der Orden Künstler, importierte Kunstwerke oder ließ sie für befreundete Fürsten anfertigen. Eine besondere Entwicklung in Preußen sind die sogenannten «Schreinmadonnen», aufklappbare, als Altaraufsatz verwendbare Skulpturen Marias mit dem Kind, die den Typus der Schutzmantelmadonna mit dem des Gnadenstuhls verbinden und auf den aufgeklappten Flügeln, unter dem Mantel Marias, auch Brüder des Deutschen Ordens abbilden.

Die Anbringung oder Aufbewahrung vieler dieser Kunstwerke legt nahe, dass sie vor allem im Orden rezipiert werden sollten und der Selbstvergewisserung dienten. Das gilt umso mehr für die im Orden entstandene bzw. gebrauchte Literatur, nicht zuletzt für die intensive Ordensgeschichtsschreibung, die den Brüdern Vorbilder bieten und die Ordensideale vor Augen führen sollte. Zu den ältesten Texten gehören der oft zusammen mit den Statuten überlieferte «Bericht über die Anfänge des Deutschen Ordens» und der so genannte «Bericht Hermanns von Salza über die Eroberung Preußens». Um 1330 entstand dann die Chronik des Preußenlandes des Priesterbruders Peter von Dusburg, die die Ursprünge und Grundlagen des Ordens sowie die ersten hundert Jahre seines Wirkens in Preußen schildert, verbunden mit zahlreichen Wunderberichten, die die göttliche Unterstützung für den Orden deutlich machen sollen. Es ist wohl kein Zufall, dass die Chronik bald darauf durch Nikolaus von Jeroschin im Auftrag zweier Hochmeister in deutsche Verse übersetzt wurde.

Die Ordenschronistik des 15. Jahrhunderts entstand dann unmittelbar in der mitteldeutschen Kanzleisprache des Ordens. Wie eine zeitgemäße Erneuerung der Chronik Peters von Dusburg wirkt die so genannte, bis 1433 reichende «Ältere Hochmeisterchronik», die weit verbreitet war, sich aber im Wesentlichen auf eine Sammlung von Biographien der Hochmeister beschränkt. Wieder wird darin die Vergangenheit verklärt, diesmal jedoch die als Blütezeit verstandene Regierung des Hochmeisters Winrich von Kniprode. Diese Chronik wurde noch in mehreren Fortsetzungen bis 1455 weitergeführt, während ein Bruder auf der Marienburg 1454/56 in der «Geschichte von wegen eines Bundes» die Rechtmäßigkeit der Sache des Ordens im Kampf gegen den Preußischen Bund nachzuweisen suchte.

Nach dem Zweiten Thorner Frieden verlor Preußen für die – nunmehr vor allem in den Balleien im Reich betriebene – Ordensgeschichtsschreibung seine zentrale Bedeutung. Die am Ende des 15. Jahrhunderts in Franken entstandene so genannte «Chronik der Vier Orden von Jerusalem» und die wohl aus der Ballei Utrecht stammende «Jüngere Hochmeisterchronik» stellen die Ordensgeschichte in weitere Zusammenhänge. Die erste verbindet die Frühgeschichte des Deutschen Ordens mit den Chorherren vom Heiligen Grab, den Templern und den Johannitern, die andere Chronik führt die Ursprünge des deutschen Hospitals wie der Johanniter auf die Zeit Konstantins d. Gr. (gest. 337) und seiner Mutter Helena zurück. Beide betonen den Ursprung im Heiligen Land und insbesondere in Jerusalem: Das war sicher eine Antwort des Ordens auf die Situation nach dem Zweiten Thorner Frieden.

Im Umfeld des Ordens entstanden noch weitere deutschsprachige Werke oder wurden zumindest von den Brüdern rezipiert, auch wenn sie sich schon wegen ihrer Reimform nicht für die im Orden vor allem zur Hauptmahlzeit übliche Tischlesung eigneten. Dazu gehören dichterische Bearbeitungen der Offenbarung Johannis und Paraphrasen anderer biblischer Bücher in Reim- oder Prosaform. So widmete z. B. Tilo von Kulm 1331 Hochmeister Luther von Braunschweig das Gedicht *Von siben ingesigelen*, und der Ordenspriester Heinrich von Hesler schrieb vermutlich in Preußen eine dichterische Apokalypse in 23 000 Versen. Diese Texte wurden in Handschriften prachtvoll ausgestattet. Dabei band man den Deutschen Orden in die Ereignisse vor dem Jüngsten Gericht ein. Daneben wurden vor allem die kämpferischen Bücher des Alten Testaments rezipiert, deutsche Paraphrasen zu Judith, Esther und den Makkabäern, sowie Sammlungen von Heiligenlegenden wie das «Väterbuch» oder das «Passional». An weiteren deutschsprachigen Dichtungen fanden etwa Strickers «Karl der Große», eine Bearbeitung des Rolandslieds oder die Legendendichtung «Barlaam und Josaphat» des Rudolf von Ems Eingang in die Bibliotheken auf den Ordensburgen.

Auch wenn es der Orden verstand, sich ein weites Feld von Literatur so intensiv nutzbar zu machen, dass aus moderner Perspektive das Bild einer geschlossenen «Deutschordensliteratur» entstehen konnte, war der Buchbesitz der Ordenshäuser meist gering und auf praktische, liturgische oder juristische Zwecke konzentriert. Dabei handelte es sich meist um lateinische Werke. Deutsche Bücher finden sich vor allem auf preußischen Ordensburgen, doch wurden Verluste nach 1410 selten ergänzt. Größere Büchersammlungen besaßen nur die dem Deutschen Orden inkorporierten Domkapitel, vor allem das samländische in Königsberg.

Eigenständige gelehrte Leistungen von Ordensbrüdern sind folglich selten, sowohl in den *artes* wie in den Fächern der höheren Fakultäten Recht, Medizin und Theologie. Das lag wohl auch daran, dass der Plan zur Gründung einer Landesuniversität in Kulm 1386, der im 15. Jahrhundert noch einmal aufgenommen wurde, fehlschlug, nicht zuletzt aufgrund mangelnden Interesses auf Ordensseite. Im 15. Jahrhundert machten die Probleme auf dem Konstanzer Konzil deutlich, dass der Orden in den Auseinandersetzungen mit Polen-Litauen gut ausgebildete Juristen benötigte. Man ging deshalb dazu über, das Rechtsstudium von Ordensbrüdern zu finanzieren, Juristen in den Orden aufzunehmen oder sie zumindest – wie etwa den Humanisten Laurentius Blumenau (gest. 1484) – eng an sich zu binden. Für die Hospitaltradition ist auf die «Wundarznei» des Heinrich von Pfalzpaint zu verweisen, der als Ordensmitglied 1454 bis 1457 auf der Marienburg an der medizinischen Versorgung beteiligt war und aus seiner Erfahrung Methoden für Pfeilverletzungen und die plastische Chirurgie entwickelte. Zur einflussreichen Erbauungsliteratur gehört schließlich ein mystischer Traktat eines unbekannten Deutschordenspriesters aus dem 14. Jahrhundert mit dem Titel *Eyn deutsch Theologia*, den Luther 1516 mit einer Vorrede drucken ließ. Die Stärken des Ordens lagen jedoch eher auf anderen Gebieten.

8. Selbstverständnis und Fremdwahrnehmung

Alle Ritterorden standen in einem Spannungsverhältnis zwischen ihrem geistlichen und ihrem adligen oder auch landesherrlichen Selbstverständnis, ebenso zwischen den an sie gerichteten Erwartungen in der Erfüllung ihrer Aufgaben im Heidenkampf, auch in der Versorgung von Pilgern, Kranken und Armen, und ihren Möglichkeiten. Beim Deutschen Orden spielte jedoch die Hospitaltradition im 14. und 15. Jahrhundert nur noch eine untergeordnete Rolle. Zwar unterhielt der Orden weiterhin ein Hospital in Elbing, am Sitz des Obersten Spittlers; auch sollte ihm noch 1410 in Rom ein Hospital zur Versorgung deutscher Pilger übertragen werden, doch war die Stellungnahme auf dem Konstanzer Konzil 1417, der Orden sehe die *hospitalitas* als eine seiner wichtigsten Aufgaben, eher ein Lippenbekenntnis.

Im Selbstverständnis des Ordens musste der Heidenkampf mithin an zentraler Stelle stehen, und die Brüder mussten glaubhaft machen, dass sie weiterhin ihren Aufgaben nachkommen. Im 14. Jahrhundert war dies unbestritten. Die Kämpfe gegen die Litauer schlossen nahezu unmittelbar an die Eroberung und Missionierung Preußens an, auch wenn sie letztlich weniger erfolgreich verliefen. Ausschlaggebend war die positive Resonanz, die die «Litauerreisen» im gesamten Europa fanden. 1355 bemerkte selbst Papst Innozenz VI. gegenüber den – von ihm kritisierten – Johannitern, sie sollten sich am glänzenden Vorbild des Deutschen Ordens orientieren.

Peter von Dusburg konnte den Orden glaubhaft in die schon bei den älteren Ritterorden grundlegende Traditionslinie zu den kämpferischen Makkabäern stellen, wenn er nach eigener Aussage beschreiben will, «wie die Brüder gleich Judas Makkabäus die heiligen Orte des Preußenlandes reinigten, welche die Heiden vorher durch Götzendienst befleckt hatten» (Peter von Dusburg, 33). Im zweiten Buch seiner Chronik liefert er zugleich die Rechtfertigung für den Einsatz von Waffen. Sie dürfen zur Übung, gegen die Nachstellungen der Feinde, gegen ihren offenen Angriff, zur Wahrung des Friedens und des eigenen Gutes, zur Rückgewinnung verlorenen Gutes und zur Abschreckung der Feinde gebraucht werden, um Schlimmeres zu verhindern. Er referiert damit nahezu vollständig die Lehre Augustins vom gerechten Krieg, setzt aber auch eindeutige Normen für das Verhalten der Brüder, die in den folgenden Erzählungen beispielhaft umgesetzt werden.

Die Situation des Ordens änderte sich schlagartig mit der Taufe des litauischen Großfürsten Iogaila (Jagiełło) und der polnisch-litauischen Union von 1386. Auch wenn die «Litauerreisen» noch bis 1413 fortgeführt wurden, bedurfte es nunmehr stetiger Rechtfertigung. So musste sich Konrad von Jungingen bereits 1396 gegen den Vorwurf zur Wehr setzen, der Orden bekämpfe nicht die Heiden, sondern neue Christen, und es ginge ihm nicht um das Christentum, sondern nur um die Eroberung von Land. Weder bei der Kurie noch beim römisch-deutschen König hatte der Orden mit seinen Gegenargumenten besonderen Erfolg. Schon 1395 hatte Wenzel gegenüber dem Orden ein Verbot des Heidenkampfes gegen die Litauer ausgesprochen, Papst Bonifaz IX. untersagte dies schließlich 1404.

Nach der Niederlage von Tannenberg, insbesondere auf dem Konzil zu Konstanz (1414–1418), wurde der Druck auf den Orden stärker. Der Krakauer Jurist Paulus Vladimiri stellte 1415/16 generell die Berechtigung zum gewaltsamen Vorgehen gegen Heiden und damit zugleich die Besitzrechte des Ordens in Preußen in Frage. Die Privilegien der Kaiser (und Päpste) über die Vergabe des Landes seien wertlos, wenn die Heiden nicht zugestimmt hätten. Schon im Februar 1414 hatten die polnischen Gesandten – in Anknüpfung an ältere Vorschläge – gefordert, der Deutsche Orden solle nunmehr dem Heidenkampf gegen Mongolen und Türken nachkommen.

Auch wenn die Debatten auf dem Konzil für den Orden ohne konkrete Folgen blieben, stand diese Forderung fortan im Raum. Schon im Oktober 1418 erhielt der Hochmeister die Nachricht, der polnische und der dänische König verhandelten im Geheimen über eine Verlegung des Ordens in die Nähe von Zypern und Rhodos. Dies war auch der Grund, warum sich Hochmeister Paul von Rusdorf 1429 dem Ruf König Sigismunds zum Einsatz gegen die Osmanen in Ungarn nicht lange entziehen konnte. Der polnische König Kasimir IV. verstärkte die Vorwürfe 1455 noch mit dem Argument, der Orden habe Polen durch seine Angriffe 200 Jahre lang an der wirksamen Abwehr der Türken gehindert.

Der Orden stellte dem seine kontinuierliche Rolle als «Schild der Christenheit», als Verteidiger der Mauern des «Hauses Israel» gegenüber, wie er selbst im 15. Jahrhundert noch einen Kreuzzug gegen die als Schismatiker verstandenen orthodoxen Christen führte. Die Ordensleitung argumentierte, die Brüder könnten dieser Aufgabe nur von ihrer festen Basis in Preußen nachkommen, und verband auf diese Weise Landesherrschaft und Heidenkampf zu einer Einheit. So wurde auf dem Konstanzer Konzil 1416 ein vorgeblich von Untertanen verfasstes Lob des Ordens vorgelegt, das ausdrücklich die «schönen Städte, wunderbaren Schlösser und vielen Burgen» hervorhebt, die in Preußen «mit Gottes Hilfe zum Schutz der Gläubigen gegen die Heiden errichtet worden sind» (Boockmann, Falkenberg, 52). Auch die Abwehr der Gegner, nicht zuletzt im Ständekrieg seit 1454, erfolgte im eigenen Verständnis mit Gottes Hilfe, um dem Orden den Weg zur Verfolgung seiner eigentlichen Aufgaben zu ebnen. Dabei wuchsen die Hochmeister immer mehr in die Rolle von Landesfürsten hinein und ließen sich auf ihren Münzprägungen sogar mit Ordnungszahlen ausstatten (so schon Winrich von Kniprode als *Winricus primus*), während die Ordensbrüder insgesamt in der Umschrift als «Herren von Preußen» erscheinen. Diese regionale Bindung spielte auch in der Fremdwahrnehmung zunehmend eine Rolle.

Im Reich entstand vor diesem Hintergrund die Vorstellung, der Orden sei das «Spital des deutschen Adels», dessen Vorfahren das Land unter erheblichen Opfern erobert und dem Orden zur Verteidigung des christlichen Glaubens übertragen hätten. Jeder noch so kleine Verzicht, wie ihn etwa der Friede von Brest 1435 bedeutete, stellte die legitimen Rechte der Nachfahren in Frage. Dies war ein wesentlicher Grund für die Konflikte zwischen Hochmeister und Deutschmeister in der Zeit Pauls von Rusdorf, aber sicher auch ein Anstoß für die allmähliche Einführung von Adelsnachweisen für die neu aufzunehmenden Ritterbrüder seit der Mitte des 15. Jahrhunderts.

Wie schon das Aufnahmeritual deutlich macht, waren im Selbstverständnis des Ordens adlige und geistliche Elemente eng miteinander verbunden. Denn das schloss sowohl die Weihe des Schwerts für den Ritterschlag wie auch den Ritterschlag selbst ein. Die Teilhabe an der geistlichen Gemeinschaft und an ihrem durch die kanonischen Stundengebete regulierten Tagesablauf machte auch die Ritterbrüder zu Geistlichen, selbst wenn sie weltlichen Geschäften nachgingen. So beharrte der 1445 wegen der Schulden seines Liegers zwei Jahre lang in Brügge inhaftierte Königsberger Großschäffer Johann Reppin trotz der für ihn ungünstigen Folgen darauf, er sei *eyn geistlich geordent man* (Sarnowsky, Fall, 197), und so erlaubte Papst Bonifaz IX. dem Generalprokurator an der Kurie Johann vom Felde 1399, sich auch zur Nachtzeit eine Messe lesen zu lassen. Wenn der Hochmeister und andere Amtsträger des Ordens nach dem Vorbild Christi am Gründonnerstag Fußwaschungen an Armen vornahmen, war dies allerdings eine auch von Fürsten geübte Demutsgeste. Das adlige Element gewann so im Laufe der Zeit kontinuierlich an Bedeutung.

III. Krisen und Erneuerung

1. Der Deutsche Orden und Polen-Litauen nach der Union von 1386

Das Jahr 1386 markiert eine tiefgreifende Wende in der Geschichte des Deutschen Ordens. Den Hintergrund dafür bildeten eine dynastische Verbindung und die daraus resultierenden politischen Veränderungen. Zwischen 1370 und 1382 waren Polen und Ungarn unter Ludwig I. von Anjou in Personalunion verbunden. Der polnische Adel suchte bei der Nachfolge seiner Tochter Hedwig (Jadwiga) in Polen eine erneute Vereinigung mit Ungarn zu verhindern, um nicht mehr in einem Nebenland der Krone zu leben, und setzte schließlich gegen die väterlichen Verfügungen ihre Ehe mit dem litauischen Großfürsten Jagiełło durch. Dieser versprach dafür, zusammen mit seinen Untertanen zum römischen Christentum überzutreten. Nach seiner Taufe unter dem Namen Władysław und der Hochzeit mit Jadwiga wurden 1386 Polen und Litauen auch formal unter seiner Herrschaft vereint. Die polnisch-litauische Union begründete aber nicht nur die stärkste, im 15. Jahrhundert weiter aufsteigende Macht in Ostmitteleuropa mit langen Grenzen gegenüber dem Ordensland, sie nahm dem Orden vielmehr die Legitimation zum Heidenkampf gegen die Litauer und damit die wichtigste Grundlage seiner Herrschaftsbildung im Baltikum. Es war kein Zufall, dass sowohl der römisch-deutsche König wie auch der Papst den Orden ermahnten, mit Litauen Frieden zu schließen.

Dem Orden blieben angesichts dieser Situation im Wesentlichen zwei Möglichkeiten. Die Brüder konnten die Christianisierung Litauens zum Täuschungsmanöver erklären oder versuchen, die Union wieder zu spalten und eine Seite als Bündnispartner zu gewinnen. Das Argument der Scheinbekehrung war nicht ganz aus der Luft gegriffen, hatten doch die litauischen Fürsten schon seit der Mitte des 13. Jahrhunderts mehrfach aus politischen Gründen die Taufe versprochen, und Jagiełłos Vetter Vytautas hatte sich zuvor mehrfach, auch nach orthodoxem Ritus, taufen lassen. Der Orden setzte also die Litauerreisen noch bis in die Jahre nach 1410 fort und plante 1390 auch die Einnahme von Vilnius. Den Vorwurf der Scheinchristianisierung – und des Einsatzes mongolischer, also heidnischer, Hilfstruppen in der Schlacht bei Tannenberg – konterte die polnisch-litauische Seite auf dem Konstanzer Konzil mit dem Argument, der Orden habe nicht einmal die Christianisierung aller seiner prußischen Untertanen erreicht.

Erfolgversprechender waren die Versuche, die fragile polnisch-litauische Union wieder aufzubrechen. Vytautas bemühte sich um eine weit gehend eigenständige Politik mit dem Ziel der Expansion seiner Herrschaft bis ans Schwarze Meer. Er schloss deshalb im Oktober 1398 mit Hochmeister Konrad von Jungingen den Vertrag von Sallinwerder, in dem er die Verbreitung des Christentums, freien Handel und die Wahrung des Friedens mit dem Orden und seinen Untertanen zusagte und diesem das umstrittene Samaiten übertrug, das sich bisher einer Christianisierung widersetzt hatte. Vordergründig ging es um die Aufteilung der jeweiligen Interessen in den russischen Fürstentümern (dabei war Pskov als preußisches, Novgorod als litauisches Einflussgebiet vorgesehen), doch dahinter stand die Umlenkung der litauischen Expansion nach Südosten, gegen die Mongolen. Dies scheiterte jedoch in der blutigen Niederlage eines durch Papst Bonifaz IX. zum Kreuzzug erklärten litauisch-polnisch-preußisch-mongolischen Feldzugs in der Schlacht an der Vorskla im Frühjahr 1399. Der Orden hatte den Komtur von Ragnit, Marquard von Salzbach, mit einigen Rittern und einem Aufgebot von 300 Männern aus dem Ordensland entsandt, von denen viele, darunter auch neun Ordensbrüder, den Tod fanden. Obwohl die Ordensleitung Vytautas zwischen 1406 und 1409 noch einmal mit eigenen Kontingenten bei Feldzügen gegen die Fürstentümer Pskov und Moskau unterstützte und auch später mehrfach auf die eigenständige Politik der litauischen Großfürsten setzte, erwies sich dieser Weg letztlich als wenig erfolgreich. Vytautas half zwar bei der Eroberung Samaitens, verfolgte aber wie seine Nachfolger seine eigene Politik.

Eine der Ursachen für das Scheitern der Ordenspolitik war es, dass es Władysław Jagiełło nach dem Tod Jadwigas (1399) gelang, mit der Union von Wilna und Radom von 1401 einen tragfähigen Ausgleich mit Vytautas zu finden, der diesen als eigenständigen litauischen Großfürsten, wenn auch unter polnischer Oberhoheit, etablierte. Während der Widerstand der Samaiten gegen die Ordensherrschaft von Vytautas geduldet oder sogar unterstützt wurde, führte die Politik des Ordens, über Darlehen und Pfandschaften Territorien an seiner Südgrenze wie das Land Dobrin zu erwerben, immer wieder zu Spannungen. Dennoch gelang im Mai 1404 im Frieden von Raciecz noch einmal ein Ausgleich. Die Friedensschlüsse von Kalisch mit Polen (1343) und von Sallinwerder mit Vytautas wurden erneuert; das inzwischen großenteils verlorene Samaiten sollte dem Orden zurückgegeben werden, der im Gegenzug die Rückgabe des Landes Dobrin zusagte.

Dieser Friedensschluss stand auch im Zusammenhang mit zwei anderen territorialen Erwerbungen des Ordens. 1402 hatten die Brüder die jenseits der Oder gelegene Neumark in Pfandschaft übernommen, gegen eine erhebliche Anleihe an den ungarischen König Sigismund, der zusammen mit weiteren Verwandten auch Herr der Mark Brandenburg war. Da sie dabei mit Jagiełło konkurriert hatten, brachte der Friedensschluss auch in dieser Hinsicht eine (allerdings nur vorläufige) Entspannung. Zugleich erhielt der Orden durch den Waffenstillstand und den Frieden mit Polen-Litauen freie Hand für die Operationen auf Gotland, das er 1398 von den Vitalienbrüdern, den Seeräubern auf der Ostsee, eroberte. In einem Pfandvertrag wurde ihm die Insel formal vom abgesetzten schwedischen König Albrecht von Mecklenburg übertragen. 1403 war Gotland zwar von dänischen Truppen erobert worden. Es konnte jedoch zurückerobert werden und blieb bis zu Verhandlungen über eine Entschädigung für den Einsatz 1407/08 in Ordenshand. Trotz der immer noch geübten Kooperation mit Vytautas im Krieg gegen die russischen Fürstentümer gewann ein anderer Krisenherd erneut an Bedeutung: das vom Orden besetzte Samaiten.

2. Die Niederlagen in der ersten Hälfte des 15. Jahrhunderts

Um 1400 erreichte das Territorium des Deutschen Ordens in Preußen seine größte Ausdehnung. Gotland war erobert, die Neumark und Territorien im Süden des Ordenslandes waren in Pfandherrschaft übernommen worden. Dazu kam die Abtretung Samaitens durch Großfürst Vytautas. Hier stieß der Orden jedoch sehr schnell an seine Grenzen. Die Ordenskontingente wurden des auch von Vytautas immer offener unterstützten Aufstands nicht Herr. Als auch der polnische König den Gegnern des Ordens in Samaiten Hilfe leistete, fiel der seit 1407 amtierende Hochmeister Ulrich von Jungingen mit einem Heer im Dobriner Land ein. Ein Schiedsspruch König Wenzels von

Böhmen, der zugunsten des Ordens ausfiel, trug nichts zur Beruhigung der Lage bei. Vielmehr nutzten beide Seiten den bis Anfang Juli 1410 verlängerten Waffenstillstand zur Rüstung. Als Jagiełło und Vytautas danach unmittelbar in Preußen einmarschierten, nach der Umgehung der Ordenstruppen Gilgenburg verwüsteten und von dort nach Westen vorstießen, standen sich schließlich erstmals zwei große Feldheere in Preußen in einer Schlacht gegenüber.

Taktische Fehler der Ordensleitung und die zahlenmäßige Überlegenheit des polnisch-litauischen Heers führten am 15. Juli 1410 bei Tannenberg (in der polnischen Tradition: bei Grunwald) zu einer katastrophalen Niederlage. Der Hochmeister, die führenden Gebietiger und mehr als 200 Ritterbrüder fanden – ebenso wie viele Ordensuntertanen und Söldner, aber auch zahlreiche Männer des polnisch-litauischen Heeres – den Tod.

Der militärische Druck, aber auch der politische Umschwung nach der Niederlage, bewirkte, dass nahezu das gesamte Ordensland kampflos in die Hände des polnischen Königs fiel. Bischöfe und Städte unterwarfen sich und erhielten Bestätigungen ihrer Privilegien, die Ordensburgen wurden besetzt, ihre Besatzungen flohen oder ergaben sich.

Dennoch war noch keine Entscheidung gefallen. Der für die Verteidigung Pommerellens verantwortliche Komtur von Schwetz, Heinrich von Plauen, konnte die Marienburg zusammen mit Ritterbrüdern und Söldnern in den Verteidigungszustand versetzen, bevor das von der Schlacht geschwächte polnisch-litauische Heer vor der Burg eintraf und mit der Belagerung begann. Als sich die Belagerung in die Länge zog und zudem Verstärkungen für den Orden aus dem Reich und Livland heranrückten, musste sich der polnische König nach zwei Monaten Ende September 1410 erfolglos zurückziehen. Damit fiel die Wirkung des militärischen Erfolgs in sich zusammen. Auch wenn ein Einfall des Ordens nach Polen ebenfalls erfolglos verlief, wurde seine Herrschaft in Preußen unter dem im November zum neuen Hochmeister gewählten Heinrich von Plauen vollständig wiederhergestellt.

So fiel der im Januar und Februar 1411 zu Thorn ausgehandelte Friedensvertrag relativ glimpflich aus. Der territoriale *status quo* konnte weitgehend gewahrt werden. Einschneidend war allerdings die nicht zuletzt für die Auslösung der Gefangenen, darunter zahlreicher Söldner, zu zahlende Kontribution von 100 000 Schock böhmischer Groschen. Der Orden hatte zwar zuvor für seine auf Pfandschaften gegründete Territorialpolitik ein Mehrfaches aufgewandt, doch hatte der Krieg vor allem im Süden des Landes wichtige Grundlagen der Ordenswirtschaft zerstört. Vieh war getötet oder weggetrieben worden, die Ernten waren teilweise vernichtet, so dass die Einnahmen nur zögernd oder überhaupt nicht mehr eingingen und Vieles durch Kauf ergänzt werden musste. Die Zahlungen an Polen-Litauen führten zwar keinesfalls zum Ruin, doch waren sie – zusammen mit der Entlohnung der Söldner – nicht mehr aus eigenen Ressourcen zu leisten. Auch die Versuche, aus dem Reich finanzielle Unterstützung zu erhalten, brachten nur wenig ein, obwohl Kirchenschätze eingeschmolzen und Häuser durch Darlehen belastet wurden.

Die Ereignisse um die in der Folge zweimal, 1411 und 1412/13, erstmals im Land erhobenen allgemeinen Steuern veränderten jedoch das politische Klima. Als sie auf erheblichen Widerstand vor allem bei den großen Städten stießen, wurde der Rat in Thorn auf Druck des Hochmeisters mit Ratsherren besetzt, die auf der Seite des Ordens standen. Am Ende hielt nur Danzig an seiner Ablehnung fest, das – so der Hochmeister Anfang April 1411 – «[uns] viel Ungehorsam bewiesen hat und noch heutzutage nicht ablässt» (Acten der Ständetage, 1, 169). Während der Hochmeister eine städtische Versammlung zu Marienwerder untersagte, ließ der Komtur von Danzig zwei Bürgermeister und einen Ratsherrn auf die Burg laden und sie schließlich umbringen. So musste sich auch Danzig fügen. Obwohl sich zugleich Widerstand im Adel insbesondere des Kulmerlands formierte – die vom Adel gegründete «Eidechsengesellschaft» wollte Heinrich von Plauen offenbar durch den Komtur von Rehden, Georg von Wirsberg, ablösen –, setzte sich der Hochmeister schließlich durch.

Bei der Steuererhebung für die zweite, Anfang 1413 fällige

Die ungewöhnliche Goldmünze nach dem Vorbild der ungarischen Gulden, eine der wenigen Goldprägungen des Ordens in Preußen, zeigt auf der Vorderseite den Hochmeister Heinrich von Plauen stehend mit Schwert, Hochmeisterschild und dem Familienwappen zu seinen Füßen. Umschrift: «Magister Hinricus de Plawen». Auf der Rückseite ist die Ordenspatronin Maria mit Christus in der Mandorla abgebildet. Umschrift: «Moneta (Do) minorum Prucie».

Rate der Zahlungen an Polen-Litauen ging Heinrich von Plauen allerdings geschickter vor. Er setzte in den Städten und Regionen ständische Vertreter ein, die ihn bei der Steuererhebung unterstützen sollten, den «Landesrat». Zwar hatten die Landesräte keinerlei Mitspracherechte, doch gelang es auf diesem Wege, Widerstände wie 1411 zu vermeiden. Die Idee einer ständischen Repräsentation sollte auch nach der Abschaffung des Landesrats 1413 weiterwirken und die Debatten insbesondere der 1430er Jahre beeinflussen. Als trotz der Bezahlung der Kontributionen ein neuer Krieg mit Polen-Litauen drohte, stieß der autoritäre Herrschaftsstil des Hochmeisters jedoch selbst im Orden auf heftige Ablehnung. Heinrich von Plauen wurde im Oktober 1413 von den Gebietigern abgesetzt und blieb lange Jahre in Haft. Erst kurz vor seinem Tod 1429 wurde er zu seiner Versorgung zum Pfleger von Lochstädt berufen.

Sein Nachfolger, der ehemalige Oberste Marschall Michael Küchmeister, sah sich trotz seiner Ablehnung des von Plauen geplanten Feldzugs immer neuen militärischen Auseinandersetzungen mit Polen-Litauen gegenüber, schon 1414, dann 1416 und 1419, die jeweils nur durch Waffenstillstände beendet werden konnten. Dabei wurden weite Teile des Landes durch die gegnerischen Kontingente verwüstet, die die festen Plätze, Burgen und Städte, nicht erobern konnten, während der Orden einer Feldschlacht auswich. Auch die Verhandlungen auf dem Konstanzer Konzil, an dem der Orden auf Drängen des ungarischen und nunmehr auch römisch-deutschen Königs Sigismund teilnahm, blieben ohne Ergebnis. Den Argumenten Paulus Vladimiris gegen die Herrschaftsrechte des Ordens in Preußen suchten die Ordensvertreter mit Hilfe eines Dominikaners, Johannes Falkenberg, zu begegnen, der den Polen Ketzerei unterstellte und dem Orden die Erfüllung seiner Stiftungsaufgabe im Baltikum bescheinigte, allerdings ohne damit größeren Erfolg zu haben.

Sigismund setzte zwischen 1412 und 1420 stärker auf eine Verbindung mit dem polnischen König, wechselte aber – nachdem er 1419 formal das Erbe seines Bruders Wenzel als böhmischer König angetreten hatte – mit dem für den Orden günstigen Breslauer Schiedsspruch wieder die Seite. Dennoch blieb die unmittelbare Unterstützung beim erneuten Ausbruch des Krieges 1421 aus, selbst wenn die Reichsfürsten im Laufe des Jahres 1422 Kontingente zusammenstellten. Michael Küchmeister trat im März 1422 nicht nur gesundheitlicher Probleme, sondern auch der gegenwärtigen Lage wegen zurück.

Seinem Nachfolger Paul von Rusdorf blieb auch angesichts ständischen Drängens kaum mehr übrig, als am 27. September 1422 mit Polen-Litauen den Frieden vom Melnosee zu schließen. Wie schon 1411 konnte der Orden darin sein Territorium weitgehend behaupten, musste allerdings endgültig auf Samaiten verzichten und Teile der «Großen Wildnis» im Norden und Osten des Landes sowie die jenseits der Weichsel gelegene Komturei Nessau abtreten, die einst der Ausgangspunkt für die Eroberung Preußens gewesen war. Die neue Grenzziehung zu Litauen sollte bis ins 20. Jahrhundert Bestand haben.

Schon diese territorialen Zugeständnisse wurden jedoch im Reich von Adel und Fürsten als unnötiger Verzicht verstanden, während Sigismund den Orden als Bündnispartner in den Auseinandersetzungen um Böhmen, in die auch Polen-Litauen verstrickt war, einsetzen wollte. Am Ende ließ sich Paul von Rusdorf dafür gewinnen, im Juli 1431 ein Bündnis mit dem litauischen Großfürsten Švitrigaila (Switrigal) einzugehen, der sich als Vytautas' Erbe gegen seinen Bruder Jagiełło zu behaupten suchte. Während die Ordenskontingente im August Nessau zurückeroberten, erlitt Švitrigaila eine schwere Niederlage, die ihn zum Waffenstillstand mit dem polnischen König zwang. Rusdorf schreckte trotz livländischen Drängens, den Großfürsten weiter zu unterstützen, vor aktiven Schritten zurück. Währenddessen baute Władysław Jagiełło Vytautas' Bruder Sigismund als neuen litauischen Großfürsten auf und verband sich offen mit den radikalen böhmischen Hussiten, die 1433 in Preußen einfielen und bis nach Danzig schwere Verwüstungen hinterließen.

Als das livländische Ordenskontingent zusammen mit Švitrigailas Truppen im September 1435 an der Swięta eine schwere Niederlage erlitt, bei der Landmeister Franke Kerskorf und zahlreiche Ritterbrüder starben, sah Paul von Rusdorf keine Möglichkeit zur Fortsetzung des Krieges, sondern schloss – in Verlängerung eines schon 1433 vereinbarten Waffenstillstands – im Dezember 1435 den «Ewigen Frieden» von Brest. Er bestätigte im Wesentlichen die Vereinbarungen des Friedens vom Melnosee. Nessau und das zwischenzeitig eroberte Land Dobrin waren zurückzugeben, während der polnische König die Herrschaft des Ordens über Pommerellen und das Kulmerland anerkannte. Auch wenn der Orden nicht gerade eine starke Position mehr innehatte, schien doch eine feste Grundlage für den Ausgleich mit Polen-Litauen gelegt. Es waren nunmehr innere Probleme, die die Ordensherrschaft in Preußen von neuem in Frage stellten.

3. Der Widerstand der preußischen Stände

Die beiden Friedensverträge von 1422 und 1435 enthalten eine Klausel, die nicht zuletzt auf polnisches Drängen zustande kam. Sie erlaubte den preußischen Ständen die Aufsagung ihres Gehorsams, wenn der Friede durch den Orden gebrochen worden war. Wie schon die Ereignisse nach der Schlacht von Tannenberg und bei der ersten allgemeinen Steuererhebung deutlich machten, konnten Hochmeister und Gebietiger nicht mehr entscheiden, ohne auf die Entscheidungsträger in den Städten und unter der Ritterschaft Rücksicht zu nehmen. Auch wenn die zahlreichen städtischen und ständischen Versammlungen lange Zeit in Gegenwart von Vertretern des Ordens stattfanden, entwickelte sich das ständische Selbstbewusstsein zunehmend in Abgrenzung von den Landesherren, bis hin zur Aufsagung des Gehorsams gegenüber dem Orden im Februar 1454.

Die Herrschaft der Hochmeister und Gebietiger beruhte wesentlich auf ihrer Präsenz, die es den Untertanen ermöglichte, bei den Umritten und Visiten Bitten und Beschwerden vorzubringen. Eine Gelegenheit dafür boten insbesondere die Huldigungen für die neu gewählten Hochmeister, die seit der Wahl Winrichs von Kniprode (1352) nachweisbar sind, ebenso die seit dem Ende des 14. Jahrhunderts häufigen städtischen und ständischen Versammlungen. Kritik am Orden wurde dort erstmals Ende der 1380er Jahre formuliert. Sie betraf wirtschaftspolitische Fragen wie die Stellung des Ordens zu Beschlüssen der Hanse, Ausnahmen von Ausfuhrverboten und die Zugriffsrechte bei Schulden von Untertanen. Dabei ging es vor allem um negative Tendenzen des Ordenshandels, nicht gegen den Handel an sich.

Schon vor 1410, unter Ulrich von Jungingen im April 1408, finden sich die ersten rechtlichen Beschwerden. So klagten die Städte auch im Namen der Ritterschaft über Appellationen an den Hochmeister, die das Landrecht unterliefen, sowie über die Handhabung des Geleitrechts für Schuldner. Die Klagen zur Gerichtsbarkeit mündeten 1444 in die grundsätzliche Forderung, «dass man Ungerechtigkeit nicht gestatte, noch unrechte Gerichte oder die Belastung und Benachteiligung der Armen, sondern dass die Gerichte und das Recht nach dem Ausweis unserer Privilegien, Gewohnheiten und selbst gewählten Rechte rechtmäßig abgehalten werden» (Acten der Ständetage, 2, 636).

Dazu trat seit den Eingriffen Heinrichs von Plauen in den großen Städten im Februar 1411 die Forderung, dass die Städte ihre Bürgermeister, Ratsherren, Richter und Schöffen ohne Einmischung des Ordens wählen durften. Hier trafen verbrieftes und Gewohnheitsrecht aufeinander. Während die Privilegien wie die Kulmer Handfeste die Mitwirkung des Ordens bei den städtischen Wahlen nahelegen, hatten die Städte lange weiter gehende Freiheiten gehabt und genutzt. Ähnlich wurde im ländlichen Bereich erbittert um das Erbrecht gestritten – kulmisch, magdeburgisch oder polnisch –, da es entschied, wann der Besitz beim Fehlen rechtmäßiger Erben an die Landesherren zurückfiel. Eng damit verbunden war die Frage der Regalien, vor allem der Mühlen- und Fischereirechte, die der Orden in den Privilegien nur zum Teil an die Untertanen weitergegeben hatte. Spätestens seit dem Huldigungstag vom Januar 1414 lautete deshalb die grundlegende und häufig wiederholte ständische Forderung, «dass Ritter und Knechte und Städte und das ganze Land bei ihren Rechten und Privilegien bleiben und auf keine Weise ihrer beraubt werden sollen» (Acten der Ständetage, 1, 239). Dazu kam die Forderung, für Ämter stärker auch Landeskinder zu berücksichtigen.

Da sich die Stände nicht mehr hinreichend durch die als landesfremd empfundenen Landesherren geschützt sahen, lag es nahe, dass sie mehr politischen Einfluss gewinnen wollten. In diese Richtung zielte die Forderung nach einer Erneuerung des Landesrats, die erstmals im März 1430 vorgebracht wurde, ebenso wie die Idee eines paritätisch, durch Landesherren und Stände besetzten Richttags. Letzterer hätte jedoch bedeutet, dass sich die geistliche Korporation und ihre Vertreter der Entscheidung einer auch mit weltlichen Mitgliedern besetzten gerichtlichen Instanz beugen müssten, was dem Prinzip der eigenen geistlichen Gerichtsbarkeit widersprach. Dazu war jedoch der Hochmeister nicht bereit, ebenso, wie er die Einsetzung eines Landesrats mit Forderungen verband, die insbesondere die Städte nicht akzeptierten. So berief Paul von Rusdorf im November 1432 nur vier Landesritter, unter ihnen Hans von Baysen, in einen Geheimen Rat.

Faktisch wurde jedoch der Einfluss der Stände angesichts der Niederlagen des Ordens immer stärker. So gab es nach 1413 keine nennenswerten allgemeinen Steuern mehr, da alle Versuche der Hochmeister, insbesondere Pauls von Rusdorf, die Zustimmung der Stände dafür zu bekommen, fehlschlugen. Die raschen Friedensschlüsse 1422 wie 1435 kamen wesentlich auf das Drängen der Stände zustande. Sie sorgten nach dem Frieden von Brest auch dafür, dass sich der Orden nicht in einen Konflikt mit Polen verwickeln ließ, wie dies Albrecht II. 1438 nachdrücklich forderte. Auf diese Weise geriet Paul von Rusdorf zunehmend in Konflikt mit den anderen Ordenszweigen, die aus eigenem Interesse eine stärkere Zusammenarbeit mit dem Reich bzw. mit den sich von Polen emanzipierenden litauischen Großfürsten forderten. Als dieser Streit 1438 eskalierte, sah sich der Hochmeister zu weiterem Entgegenkommen den Ständen gegenüber genötigt. Dies verstärkte sich noch durch den Konflikt Rusdorfs mit den preußischen Konventen Königsberg, Balga und Brandenburg Anfang 1440, in dem sich die Ständevertreter als Vermittler anboten.

Dabei wurde die Zusammenarbeit zwischen den großen Städten und den führenden Vertretern der Ritterschaft, insbesondere des Kulmerlands, immer enger. So einigten sich Land und Städte schon im Januar 1434 darauf, «dass einer dem anderen getreulich helfen will, das zu vertreten, was recht und billig ist, wenn jemand unter ihnen gegen seine Privilegien, Freiheiten und Rechte zu etwas gezwungen werden soll» (Acten der Ständetage, 1, 623). Während des Aufstands der Konvente erschienen Abgesandte der Stände beim Hochmeister und erklärten, sie wollten sich angesichts der Gefahren für das Ordensland in einer Vereinigung zusammenschließen, die nichts an ihrer Untertanenpflicht gegenüber Hochmeister und Orden ändern, aber zu ihrem Schutz beitragen würde. Als Rusdorf keinen Widerspruch erhob, kam es am 13. März 1440 auf einer Ständeversammlung in Marienwerder zur Gründung des Preußischen Bundes, der sich ausdrücklich die Wahrung der ständischen Privilegien, Freiheiten und Rechte, notfalls auch gegen den Orden, zum Ziel setzte.

Das Verhältnis zwischen Bund und Orden entwickelte sich zur Kernfrage der folgenden Jahre. Nach dem Rücktritt und dem Tod Rusdorfs Anfang 1441 wurde sein Gegenspieler Konrad von Erlichshausen zu seinem Nachfolger gewählt. Er blieb in Ton und Vorgehen maßvoll, hielt aber an einer Erneuerung der Stellung des Ordens in Preußen fest, die er mit einer inneren Reform zu verbinden suchte. So gelang es ihm, den von Rusdorf im Mai 1440 unter ständischem Druck abgeschafften Pfundzoll nach zahlreichen Verhandlungen mit den Ständen im Januar 1443 wieder einzuführen und bis zum September 1445 auch den Widerstand der Städte Kulm und Thorn zu überwinden, die aufgrund der Kulmer Handfeste eine Befreiung davon beanspruchten. Dafür berief er sich auf das Privileg Friedrichs II. für den Deutschen Orden, die «Goldbulle von Rimini» von 1226/35, und forderte, dass nicht nur die Rechte der Stände, sondern auch die des Ordens gewahrt werden müssten. Als Erlichshausen bei König Friedrich III. für die preußischen Städte Ladebriefe erwarb, hatte er sich durchgesetzt, zugleich aber den Konflikt auf eine höhere Ebene gehoben.

Denn während der Hochmeister auch künftig dabei blieb, den Bund mit friedlichen Mitteln zu schwächen, unternahm eine Gruppe unter den Landesherren einen weit reichenden Vorstoß. Im April 1446 vertraten die vier preußischen Bischöfe die Auffassung, der Bund verstoße gegen göttliches und Naturrecht sowie gegen die Privilegien und Verfügungen der Päpste und Kaiser und forderten öffentlich seine Auflösung. Konrad von Erlichshausen gelang es noch einmal, die Lage nach den Anklagen der preußischen Bischöfe, die die Stände als beleidigend und entehrend empfanden, wieder zu beruhigen. Doch unter seinem Verwandten und Nachfolger Ludwig von Erlichshausen gewann die radikalere Position im Orden die Oberhand.

Nachdem die Stände auf dem Huldigungstag im April 1450 viele Klagen vorgebracht und mit der Forderung nach Zusagen verbunden hatten, entschloss sich die Ordensleitung 1450/51 zum Prozess gegen den Bund bei der Kurie. Die Mission des päpstlichen Legaten, des Bischofs von Silves, blieb jedoch ohne Ergebnis, weil Erlichshausen offenbar vor einem kirchenrechtlichen Vorgehen gegen die Stände zurückschreckte. In der Konsequenz kam es seit 1452 zu einem Verfahren gegen den Bund am

Hof Kaiser Friedrichs III. Es zog sich unter anderem deshalb länger hin, weil die Gesandten des Bundes in Böhmen überfallen, teilweise gefangen genommen und ihrer Unterlagen beraubt worden waren.

In dieser Situation stellten die Ständevertreter, vielleicht sogar aus dem Gedächtnis, in einer 66 Abschnitte umfassenden Schrift mit dem Titel *Orsachen des bundes* zahlreiche Klagen gegen den Orden zusammen, die die Notwendigkeit des ständischen Zusammenschlusses rechtfertigten. Sie nennen konkrete Personen und Ereignisse, so die Ablösung des Thorner Rats durch Heinrich von Plauen 1411, die Ermordung der Danziger Bürgermeister, die Entwertung des preußischen Geldes, die Einziehung von Gütern, die Unterdrückung von Appellationen, aber auch zahlreiche persönliche Vergehen von Brüdern, denen die Entführung von «Jungfrauen», Übergriffe gegen Ehefrauen, Mordpläne und Attentate vorgeworfen werden. Der in den habsburgischen Landen selbst vom Mailberger Bund der Stände bedrängte Kaiser Friedrich III. ließ sich durch diese Argumente nicht beeindrucken, sondern verfügte nach längeren Beratungen am 1. Dezember 1453 die Aufhebung des Preußischen Bundes. Dies gab den Anstoß zum Aufstand der Stände gegen die Herrschaft des Ordens.

4. Auf dem Weg zur Säkularisierung des Ordenslandes

Nach dem Verbot des Preußischen Bundes durch den Kaiser sahen die Vertreter der Städte und der Ritterschaft nur noch den Weg einer gewaltsamen Lösung. Während die Gesandtschaft des Ordens in Wien noch Mitte Dezember die Urkunden der kaiserlichen Kanzlei entgegennahm und erst am 7. Februar 1454 auf der Marienburg eintraf, hatten längst die Vorbereitungen für den Krieg begonnen. Bereits am 4. Februar hatten die Stände dem Orden unter Berufung auf ihr Widerstandsrecht den Gehorsam aufgekündigt. Dem waren Verhandlungen mit König Kasimir IV. vorausgegangen, der dem Orden am 22. Februar den Krieg erklärte und schließlich Preußen der polnischen Krone inkorporierte. Die Ordensleitung wurde davon völlig überrascht. Die meisten Ordensburgen fielen ohne Widerstand. In Thorn, Elbing und Danzig wurden sie unmittelbar darauf abgerissen, um eine Rückkehr der Brüder zu verhindern. Innerhalb weniger Tage befanden sich große Teile des Ordenslands in der Hand der Aufständischen. Die gefangenen Ordensbrüder, die sich zumeist kampflos ergeben hatten, gingen zurück ins Reich oder traten sogar aus dem Orden aus. Die Geschichte der Ordensherrschaft in Preußen schien beendet.

Die Inkorporationsurkunde vom 6. März 1454 legte die Strukturen fest, die künftig das Land bestimmen sollten. Kasimir gründete seinen Herrschaftsanspruch auf die einstige Schenkung Konrads von Masowien, die er dem Orden mit dem Argument entzog, dass dieser seiner Stiftungsaufgabe untreu geworden sei und nunmehr christliche Mächte – gemeint war Polen-Litauen – sogar am Krieg gegen die Heiden hindere. Zugleich kam er den ständischen Klagen entgegen, indem er nicht nur alle Privilegien bestätigte, sondern auch den Pfundzoll abschaffte und die Besetzung der wichtigsten Ämter mit Landeskindern, die Heranziehung des Landesrates bei allen Entscheidungen und die Autonomie Preußens unter polnischer Oberhoheit zusagte. Hans von Baysen wurde zum Gubernator für das königliche Preußen ernannt, Danzig konnte sich aber als weitgehend unabhängige Stadtrepublik etablieren und erlebte bald auch wirtschaftlich einen rasanten Aufstieg.

Obwohl der Orden nur die Marienburg und ein paar kleinere Städte und Burgen halten konnte, war noch keine endgültige Entscheidung gefallen. Es zeigte sich einmal mehr, dass die Korporation nicht nur aus ihrem preußischen Zweig bestand. Die Ordensherrschaft in Livland war von den Ereignissen in Preußen kaum berührt, und selbst wenn die Beratungen auf dem Reichstag zu Regensburg ohne Ergebnis blieben, wurden nunmehr für den Orden in großer Zahl Söldner angeworben, vor allem aus Böhmen. Im September 1454 traf ein aus dem Westen kommendes Söldnerheer in Pommerellen auf die Kontingente des polnischen Königs, die die noch in Ordenshand verbliebene Stadt Konitz belagerten. Es kam zur Schlacht, in der Kasimir IV. und die Aufständischen eine schwere Niederlage erlitten. Der

König konnte nur knapp entfliehen, die Belagerung der Marienburg wurde aufgegeben, und ein Teil der preußischen Stände unterwarf sich wieder der Herrschaft des Ordens.

Weil nunmehr keine der beiden Seiten über hinreichende Mittel verfügte, den Krieg für sich zu entscheiden, schleppten sich die Auseinandersetzungen jahrelang hin. Hochmeister Ludwig von Erlichshausen und die Ordensleitung hatten durch den Abfall der Untertanen und die Folgen des Krieges kaum mehr Einkünfte aus dem Land. Die Edelmetallvorräte waren teils verloren, teils rasch verbraucht, so dass fast nur noch die Option einer Verpfändung oder Aufgabe des Ordensbesitzes blieb. So ging z.B. 1455 die Neumark zur Unterstützung der Söldnerheere an Kurfürst Friedrich II. von Brandenburg über, ohne dass der Orden eine auch nur annähernd angemessene Entschädigung für die seit 1402 geleisteten Zahlungen erhielt. Noch folgenreicher aber war, dass der Orden schon im Oktober 1454 den Söldnern als Sicherheit für die Soldzahlungen die Marienburg und weitere Burgen verpfänden musste. Als der Orden nicht mehr zahlungsfähig war und Verhandlungen ohne Ergebnis blieben, verkauften die Söldnerführer die Marienburg und fünf andere Burgen gegen starken Widerstand aus den eigenen Reihen im August 1456 an den polnischen König, der von Danzig finanziell unterstützt wurde. Nach der Übergabe der Burg im Frühjahr 1457 – der Hochmeister hatte zuletzt fast wie ein Gefangener in der eigenen Residenz gelebt – und nach dem Verlust der inzwischen zurückgewonnenen Stadt Marienburg 1460 hatte der Orden im Westen Preußens keine feste Basis mehr, während Königsberg und das preußische Niederland seit 1455 zurückerobert worden waren.

Schon von Beginn an gab es Vermittlungsversuche, so durch Lübeck und die wendischen Städte, die an ungestörtem Handel interessiert waren. Es kam jedoch nach langen Verhandlungen erst am 19. Oktober 1466 zum Friedensschluss. Der Zweite Thorner Friede schrieb den *status quo* fest. Der Westen Preußens mit den großen Städten sowie das Bistum Ermland, das bereits 1464 auf die Seite Polens getreten war, wurden der polnischen Krone unterstellt, der Osten mit den Bistümern Pomesanien und Samland verblieb beim Orden. Der Hochmeister sollte dem polnischen König künftig einen Treueid schwören und Heeresfolge leisten. Er sollte zwar «nach der Regel und den Gewohnheiten des Ordens gewählt», aber, «weil er unser und des polnischen Königreichs Fürst und Ratgeber ist, nicht [...] ohne unser Wissen von den Komturen und dem Konvent von seinem Amt entfernt werden» (Staatsverträge des Deutschen Ordens, 2, S. 280). Weiter sollte die Hälfte der Ordensmitglieder in Preußen aus dem polnischen Adel kommen. Wenn der Hochmeister zugleich zusichern musste, den Vertrag auch aufgrund päpstlicher, kaiserlicher oder königlicher Verfügungen nicht zu brechen und gegen die nicht informierten und beteiligten Meister in Deutschland und Livland durchzusetzen, zeigt das die Tragweite der Zugeständnisse. Die Bestimmungen des Zweiten Thorner Friedens waren weder im Orden konsensfähig, noch deckten sie sich mit seinen Privilegien.

Während diese unklare Rechtslage und der politische Druck aus dem Reich nach 1466 immer wieder zu Restaurationsversuchen führten, hatte sich die Situation in Preußen grundlegend gewandelt. Der Orden kontrollierte nur noch den ärmeren östlichen Teil des Landes und verlor zudem weitgehend die direkte Kontrolle über Grund und Boden, weil die Söldnerführer, die man nicht bezahlen konnte, umfangreiche Besitzungen erhielten. Auf diese Weise legten Familien wie die Dohna, Eulenburg oder Schlieben die Grundlage für ihre spätere Stellung im Lande. Gleichzeitig änderte sich das Verhältnis zwischen den Hochmeistern und den ihnen unterstellten Amtsträgern. Diese brachten die Hochmeister zunehmend in finanzielle Abhängigkeit, da sie keine Abgaben leisteten, sondern bei Ämterwechseln eher finanzielle Entschädigungen forderten. In der Folge wurden die Gebietiger faktisch ein weiterer Stand innerhalb des Ordenslandes und waren seit 1506/07 im obersten Gericht des Landes vertreten, das aus den Repräsentanten der Stände gebildet wurde. Dazu kam, dass sich die Ordenszweige im Reich und in Livland immer mehr verselbständigten.

Den Anläufen zu einer Revision des Zweiten Thorner Friedens war vor diesem Hintergrund wenig Erfolg beschieden.

Nachdem der ermländische Bischof Nikolaus von Thüngen schon zuvor einen bewaffneten Konflikt mit Polen begonnen hatte, verweigerte der 1477 gewählte Hochmeister Martin Truchsess den Treueid und erklärte Polen ebenfalls den Krieg. Hilfe aus dem Reich blieb jedoch aus, so dass Ende 1479 der *status quo* wiederhergestellt wurde. Auch der Versuch einer Ordensreform scheiterte.

Ausgehend von seiner schwachen Stellung empfahl Hochmeister Johann von Tiefen schon 1496 die Wahl eines Reichsfürsten zu seinem Nachfolger, um die Akzeptanz im Reich und in Preußen zu fördern. Tatsächlich entschied man sich nach seinem Tod in Lemberg 1497 zweimal nacheinander dafür, ein Mitglied der führenden Fürstenfamilien des Reiches zu wählen, das überhaupt erst in den Orden aufgenommen, «eingekleidet» werden musste. Der erste von beiden war 1498 Friedrich von Sachsen. Er konnte zwar die Situation des Ordens in Preußen dem Reich wieder bewusst machen, als er – mit Unterstützung Maximilians I. – den Eid gegenüber dem polnischen König verweigerte. Dennoch erreichte er trotz der durch seine Räte wie Paulus Watt angestoßenen Reformen wenig. Enttäuscht kehrte er 1507 ins Reich zurück und starb Ende 1510 in Rochlitz.

Sein Nachfolger wurde Albrecht von Brandenburg-Ansbach. Er warb im Reich mit dem Argument für Unterstützung, der Orden und sein Land gehörten zur deutschen Nation, und ließ auf dem Augsburger Reichstag von 1512 erklären, der Zweite Thorner Friede sei von vornherein ungültig gewesen. Verhandlungen mit der polnischen Krone blieben jedoch ohne Ergebnis. Nachdem der Hochmeister im März 1517 mit Großfürst Vasilij III. von Moskau ein Bündnis geschlossen hatte, entschied er sich zum militärischen Vorgehen. Der so genannte «Reiterkrieg», den Albrecht 1519 ohne hinreichende Rüstung begann, führte zwar zu kleineren Erfolgen, endete jedoch 1521, da die Kontrahenten erschöpft waren, mit einem Waffenstillstand auf vier Jahre. Danach ging Albrecht, wie sein Vorgänger, ins Reich zurück, wo er mit der Reformation in Berührung kam.

5. Der Deutsche Orden und die Reformation

Die Reformation bedeutete für das Ordenswesen allgemein einen tiefen Einschnitt. Die Reformatoren lehnten die bisherigen gemeinschaftlichen Lebensformen ab. Dort, wo sich die Reformation durchsetzte, wurden die meisten der Klöster und Ordenshäuser aufgehoben, der Besitz wurde durch die Landesherren eingezogen, die für sich beanspruchten, die Religion ihres Territoriums zu bestimmen. Das stellte auch die Existenz des Deutschen Ordens in Frage, auch wenn es in den einzelnen Regionen ganz unterschiedliche Konsequenzen hatte.

In Preußen wirkte die Reformation als zusätzliches Element in der Umgestaltung der Landesherrschaft, die unter den fürstlichen Hochmeistern eingesetzt hatte. Ihr korporativer Charakter war schon durch die Formierung der Gebietiger als Stand verloren gegangen. Albrecht von Brandenburg regierte zuletzt völlig ohne Großgebietiger, deren Ämter teils unbesetzt blieben, teils bei Amtsträgern lagen, die sich nicht mehr im Land aufhielten. Er stützte sich vielmehr auf weltliche Räte und auf die beiden Bischöfe, Georg von Polentz, Bischof von Samland seit 1519, Administrator des Bistums Pomesanien 1521–1523, und Erhard Queis, Bischof von Pomesanien seit 1523, die erst auf sein Betreiben in den Orden eingetreten waren. Als die reformatorische Bewegung Preußen erreichte, zählten sie zu ihren ersten Förderern. Polentz schloss sich unter dem Einfluss des protestantischen Reformers Johann Briesmann mit seiner Predigt zum Weihnachtsfest 1523 im Königsberger Dom ausdrücklich der Lehre Luthers an, und Queis war der erste, der noch 1524 eine reformatorische Kirchenordnung vorlegte.

Dies geschah sicher in Abstimmung mit dem Hochmeister, der sich noch 1523 in einem Schreiben an den livländischen Meister besorgt über Ehen von Ordensbrüdern zeigte, während er in der Reformation wohl schon eine Möglichkeit erkannt hatte, seine Herrschaft in Preußen auf eine neue Grundlage zu stellen. So wandte er sich im Juni 1523 an Luther mit der Bitte, ihm seinen Rat für eine Reform des Ordens und seiner Regel zu geben. Dieser antwortete ihm mit einer programmatischen

Schrift: *An die herrn Deutschs Ordens, das sie falsche keuscheyt meyden und zur rechten ehlichen keuscheyt greyffen. Ermanung.* Darin empfahl Luther die Rückkehr der Brüder in den weltlichen Stand und die Umwandlung Preußens in ein weltliches Herzogtum. Albrecht kam 1524 nach Wittenberg, um sich mit dem Reformator zu besprechen.

Albrecht benutzte seine Stellung als Hochmeister zur Jahreswende 1524/25 noch einmal, indem er gegen erhebliche weitere Summen dem Deutschmeister erneut die Balleien Koblenz und Bozen, dem livländischen Meister aber den Norden Livlands übertrug. Mangels Alternativen kam er dann aber 1525 auf einen ihm bereits im April 1523 vorgelegten polnischen Vorschlag zurück, als Hochmeister zurückzutreten und unter polnischer Oberhoheit zum erblichen Herzog Preußens erhoben zu werden. Die Lehensnahme wurde am 8. April 1525 in Krakau feierlich vollzogen. Der Übertritt Albrechts zum Luthertum spielte dabei keine Rolle. Vielmehr hofften offenbar sowohl der polnische König Sigismund I. als auch der mittelbar eingeschaltete Papst Clemens VII., der neue Herzog würde sich für die Verteidigung des katholischen Glaubens einsetzen.

Als sich Albrecht im Juli 1525 offen zum Luthertum bekannte, entstand das erste protestantische Territorium in Europa, in dem das landesherrliche Kirchenregiment bald auch durch eine erste Kirchenordnung ausgestaltet wurde. Durch die Säkularisierung wurde erstmals ein geistliches Territorium geschlossen in ein weltliches umgewandelt. Auch wenn der Deutsche Orden über Jahrhunderte an seinem Anspruch auf Preußen festhielt, blieb dieser Akt für Albrecht praktisch ohne Folgen.

Die beiden anderen Meister, der Deutschmeister Dietrich von Cleen und der livländische Meister Wolter von Plettenberg, beide etwa 70 Jahre alt und anders als Albrecht über viele Ämter aufgestiegen, wurden von diesem Schritt überrascht. Ein Ausbrechen aus den überkommenen Regeln war für sie unvorstellbar. In Livland kam hinzu, dass sich noch die korporativen Herrschaftsstrukturen stärker erhalten hatten. Plettenberg sah Livland zudem als Schutz der lateinischen Christenheit gegen das Großfürstentum Moskau und hätte die bestehenden Bindungen ans Reich keinesfalls gefährdet.

Die Reformation griff jedoch auch nach Livland über, vor allem auf die Städte. Schon im Juni 1525 verfasste der Rigaer Stadtsekretär Johann Lohmüller eine protestantisch geprägte Denkschrift, die dem Deutschen Orden die Übernahme der Herrschaft im gesamten Land, also auch in den Territorien der Bischöfe, empfahl, da diese kein Recht zur weltlichen Herrschaft hätten. Die an Meister und Orden gerichtete Schrift sah also keine Säkularisierung vor, sondern eine weltliche Neuausrichtung der Ordensherrschaft. Wolter von Plettenberg ging darauf nicht ein, duldete aber Protestanten in seiner engsten Umgebung und gewährte den Städten Religionsfreiheit. Seine Nachfolger sympathisierten immer offener mit dem neuen Glauben, auch wenn sie sich gegenüber der Ordensleitung und dem Kaiser als Wahrer der katholischen Religion darstellten. Unter den Brüdern und dem Personal des Ordens gab es Katholiken wie Protestanten, nur zu enge Beziehungen zum lutherischen Herzogtum Preußen wurden mit Misstrauen betrachtet.

Das preußische Vorbild spielte schließlich auch eine Rolle, als Livland unter äußerem Druck immer mehr zerfiel. Gegen Moskau suchten die Bischöfe, die Ritterschaft, die Städte und verschiedene Teile des Ordens Hilfe bei Schweden, Dänemark und Polen-Litauen, die im Land eingriffen. Der letzte livländische Meister Gotthard Kettler unterwarf sich im November 1561 König Sigismund II. August von Polen und nahm den verbliebenen Ordensbesitz im Süden als Herzogtum Kurland zu Lehen. Damit fand die Ordensherrschaft auch in Livland ihr Ende.

Einschneidender für die Korporation war jedoch schon der Austritt des Hochmeisters Albrecht von Brandenburg. Der Orden hatte sein Haupt verloren, und es stellte sich die Frage der Nachfolge. Darauf erhoben der Deutschmeister und der livländische Meister Anspruch. Dietrich von Cleen trat angesichts der zahlreichen Probleme zurück. Sein im Dezember 1526 gewählter Nachfolger Walter von Cronberg erwirkte schließlich Ende 1527 die Bestätigung Karls V., dass die Deutschmeister zugleich als Administratoren des Hochmeisteramts fungieren sollten.

Die unmittelbare Verbindung von Hoch- und Deutschmeistertitel wurde vorerst vermieden, um dem Anspruch auf Preußen Nachdruck zu verleihen. Mit der Regalienverleihung auf dem Augsburger Reichstag von 1530 war aber eine enge Kooperation mit Kaiser und Reich entstanden, die erheblich zur Sicherung des Ordens beitrug.

Wie das livländische Beispiel zeigt, war nicht die neue Lehre selbst die zentrale Bedrohung für den Orden. Diese erwuchs vielmehr aus den Konsequenzen für den Ordensbesitz, die sich aus der Haltung der einzelnen Brüder und der Landesherren ergaben. Ein Komtur, der heiratete, wollte den Kommendenbesitz für die Versorgung seiner Familie nutzen, ein protestantischer Landesherr erstrebte die Versorgung seiner adligen Untertanen oder kirchlicher Amtsträger. Auf diese Weise wurde im Reich vielfach Ordensbesitz entfremdet. Allein in der Ballei Thüringen blieben dem Orden am Ende des 16. Jahrhunderts nur vier von 17 mittelalterlichen Komtureien erhalten.

Für die Ballei Thüringen gelang jedoch 1593 ein beispielhafter Ausgleich zwischen den sächsischen Herzögen und Hoch- und Deutschmeister Maximilian von Österreich. Danach fiel der Besitz verheirateter Komture nach deren Tod wieder an den Orden zurück. Die Ämter konnten nach der Regel, wenn auch mit Zustimmung des Landesherrn besetzt werden. Schon seit 1578 kamen dafür auch Protestanten in Frage. Der Deutsche Orden wurde hier auch rechtlich, wie schon seit den 1540er Jahren faktisch, eine bikonfessionelle Institution, zumal auch die Landkomture der Ballei Sachsen spätestens seit den 1550er Jahren Protestanten waren.

Ähnlich gestaltete sich die Lage in der Ballei Hessen. Gegen den Landgrafen Philipp, einen energischen Anhänger der Reformation, konnte Walter von Cronberg durchsetzen, dass die aus dem Orden austretenden Brüder keinen Besitz mitnahmen. Jedoch wurde die schon vorher bestehende Versorgung lutherischer Geistlicher aus dem Besitz der Kirchen mit Deutschordenspatronat 1584 auch vertraglich geregelt. Zu diesem Zeitpunkt waren die Brüder der Ballei überwiegend Lutheraner, doch kamen 1681 Reformierte dazu, die paritätisch berücksichtigt werden sollten. Da die Ballei seither auch jeweils ein katholisches Mitglied hatte, entwickelte sich der Orden sogar zu einer trikonfessionellen Gemeinschaft. Schon zuvor war die bis heute bestehende Ballei Utrecht kalvinistisch geworden. Sie schied allerdings schon 1637 aus dem Verband des Ordens aus.

Auch wenn die Landkomture überall in die ständische Organisation der Territorien eingebunden wurden und die Entfremdung von Ordensbesitz nicht immer verhindert werden konnte, war die Situation in den süd- und westdeutschen Balleien weniger dramatisch. Trotz der vielfachen Probleme und Konflikte konnte sich der Orden stabilisieren. Neue Strukturen entstanden, die den Fortbestand bis zum Ende des Alten Reiches (1806) und darüber hinaus ermöglichten.

6. Der Deutsche Orden in der Neuzeit

Angefangen von den weitreichenden Folgen der Reformation, zu denen auch der Bauernkrieg im Süden Deutschlands gezählt werden kann, bei dem im April 1525 der alte Sitz der Deutschmeister, die Burg Horneck, zerstört wurde, sah sich der Deutsche Orden in der Neuzeit immer wieder grundlegend neuen Rahmenbedingungen gegenüber. So erforderten sowohl das Ende des Alten Reiches 1806 und die damit verbundene Aufhebung der geistlichen Territorien wie auch das Ende der Habsburger-Monarchie 1918 eine Neuorientierung. Letztlich gelang es aber immer wieder, Krisen zu überstehen und neue tragfähige Grundlagen zu schaffen.

Auf die Bestellung des Deutschmeisters Walter von Cronberg zum Administrator für das Hochmeistertum Ende 1527 folgte auf einem Kapitel zu Frankfurt im August 1529 die endgültige Unterordnung der ehemaligen hochmeisterlichen Balleien unter den Administrator und Deutschmeister. Dabei blieben Sonderrechte vorerst bestehen, wie sie die Ballei Elsass-Burgund 1522 für die Wahl des Landkomturs aus den eigenen Reihen erhalten hatte. Nach der Zerstörung Hornecks wurde die fränkische Kommende Mergentheim zur Residenz der Hoch- und Deutschmeister und zum Zentrum des Ordensbesitzes in Süddeutschland ausgebaut. Dabei gelang auch die Verdichtung der Herrschaftsrechte des Ordens zu einem eigenen Territorium, das bis zur Säkularisierung 1809/10 Bestand hatte. Obwohl zunächst nur als Provisorium verstanden, da man am Anspruch auf Preußen und an Königsberg als Hochmeisterresidenz festhielt, entstanden in Mergentheim nach und nach zentrale Behörden. Dabei handelte es sich einmal um Hofrat und Hofkammer, die mit weltlichen Amtsträgern für die Verwaltung des Ordensbesitzes zuständig waren, zum anderen um den geistlichen Rat, der die unter Ordenspatronat stehenden, aus den Bistümern gelösten Pfarreien und geistlichen Ämter kontrollierte.

Der Orden versuchte nicht nur, seine Strukturen den neuen Gegebenheiten anzupassen, sondern hatte auch an der auf dem Trienter Konzil (1545–1563) eingeleiteten katholischen Reformbewegung Anteil. So wurde 1606 in Mergentheim ein eigenes Priesterseminar des Ordens begründet. Im selben Jahr gelang zudem der Abschluss einer Regelrevision. Der auf 34 knappe Kapitel reduzierte Text schloss nicht zuletzt auch an die Heidenkampf-Tradition des Ordens an. Denn die neu aufgenommenen Ritter sollten zunächst mindestens drei Jahre Kriegsdienst gegen die Gegner der Christenheit, d.h. gegen die Osmanen, tun, bevor ihnen ihre erste Kommende übertragen wurde.

Der Orden war zwar nach dem Verlust des Besitzes im Mittelmeerraum auf das Reich beschränkt, doch lagen insbesondere die Häuser der Ballei Österreich im Grenzraum zum Osmanischen Reich. Sie waren nicht nur bei den großen osmanischen Angriffen auf Wien, 1529 und 1683, gefährdet, sondern litten auch unter zahlreichen weiteren Überfällen türkischer Kontingente, die wesentlich auf die Zerstörung von Dörfern und Feldern zielten. Die Einkünfte gingen zurück, Besitz musste verkauft werden. Dennoch beteiligten sich die Ordensritter immer wieder an der Türkenabwehr, nahmen als Offiziere und Heerführer an den Feldzügen des Kaisers teil oder organisierten wie Hochmeister Maximilian von Österreich (als Regent von Tirol) die Abwehr in einzelnen Regionen. Zudem leistete der Orden finanzielle Beiträge oder stellte 500–1000 Mann an Truppen.

1696 entstand so das Hoch- und Deutschmeisterregiment, dem Brüder als Offiziere angehörten.

Maximilian von Österreich war 1590 der erste Habsburger an der Spitze des Ordens. Spätestens seit 1641 kamen die Hochmeister vielfach aus der kaiserlichen Familie, so dass bei ihrer Aufnahme Sonderregelungen gefunden werden mussten. Der 1780 eingesetzte Maximilian Franz von Österreich wurde schon 1769, erst 13-jährig, auf einem eigens nach Brüssel einberufenen Generalkapitel als künftiger Hochmeister in den Orden aufgenommen. Dafür bedurfte es mehrfacher Ausnahmen: wegen seiner Minderjährigkeit, weil er nicht nur deutsche adlige Vorfahren hatte, und weil er weltlichen Orden angehörte. Zudem wurde ihm das Noviziat erlassen, die einjährige Probezeit, während man ihm für die Ablegung des Gelübdes bis zu seinem 20. Geburtstag Zeit ließ. Im Laufe seiner Amtszeit trat ein anderes, auch schon bei seinen unmittelbaren Vorgängern übliches Element hinzu: Er kumulierte bis 1801 mehrere hohe geistliche Ämter und war «nebenher» noch Erzbischof von Köln und Bischof von Münster.

Die Verbindung des Hochmeisteramts mit anderen Würden war auch Ausdruck der Integration ins Reich. Nach dem Ende des Dreißigjährigen Krieges 1648, der noch einmal zu Verlusten geführt hatte, konnte die wirtschaftliche Lage des Ordens soweit konsolidiert werden, dass man wieder in der Lage war, Kredite zu vergeben. An vielen Orten setzte eine intensive Bautätigkeit ein. Neben dem Ausbau des Schlosses und insbesondere der Schlosskirche zu Mergentheim entstanden nicht zuletzt an den Sitzen der Landkomture in Altshausen (Ballei Elsass-Burgund) und Ellingen (Franken) bedeutende Barockschlösser. Auch Kommenden wie Nürnberg und Sachsenhausen wurden erneuert.

Die Bindung an die Habsburger konnte allerdings nicht verhindern, dass ein Großteil des Ordensbesitzes infolge der Umgestaltung der politischen Verhältnisse nach der Französischen Revolution verloren ging. Die Häuser westlich des Rheins wurden um 1800 bei der schrittweisen Übertragung der Gebiete an Frankreich aufgehoben. Schon 1796 wurde nahezu die gesamte

Ballei Franken durch preußische Truppen besetzt, die das Hohenzollernerbe in Süddeutschland auf Kosten geistlicher Territorien erweiterten. Dieses Gebiet fiel später an Bayern, das neben Württemberg am meisten von der Säkularisierung des Ordensbesitzes profitierte, als Napoleon 1809 den Deutschen Orden im Gebiet des Rheinbunds für aufgelöst erklärte. Auch die Ordensherrschaft um Mergentheim fand so ein Ende.

Dem Orden blieben danach nur die wenigen Häuser in der österreichisch-ungarischen Monarchie. Daran änderte sich auch durch den Wiener Kongress nichts, selbst wenn die zuvor verlorenen Kommenden Bozen und Lengmoos in Tirol sowie Häuser im österreichischen Küstengebiet zurückgewonnen werden konnten. Die neu gebildeten deutschen Kleinstaaten waren dagegen nicht bereit, Ordensbesitz zu restituieren.

In Österreich aber war der Ordensbesitz schon durch den mit Napoleon geschlossenen Frieden von Pressburg von 1805 in die Verfügungsgewalt des Kaisers übergeben worden, dessen Bruder Anton Victor seit 1804 als Hochmeister amtierte. Franz II. machte den Orden 1806 endgültig zum habsburgischen Hausorden, verzichtete aber 1834 formal auf alle Rechte am Ordensbesitz. Die zugleich eingeleitete und 1839/40 abgeschlossene Regelrevision schrieb die Strukturen des, wie er nunmehr (bis 1929) offiziell hieß, Deutschen Ritterordens fest, darunter die Wahl des Hochmeisters aus den Prinzen des Hauses Habsburg. Zugleich besann sich der Orden wieder stärker auf seine karitativen Aufgaben, übernahm Hospitäler und Schulen. Dafür wurden 1841 erstmals seit der Reformationszeit wieder Deutschordensschwestern aufgenommen, und daneben entstanden eigene Priesterkonvente. Dem Orden verbundene Ehrenritter und «Marianer» ermöglichten durch ihre Zahlungen den Ausbau des Hospitalwesens, unter anderem von Feldspitälern im Ersten Weltkrieg.

Das Ende der Habsburger-Monarchie 1918 stellte dann die Existenz des Ordens wiederum in Frage, da er, zumal mit Erzherzog Eugen von Österreich als Hochmeister an der Spitze, nur als habsburgischer Ehrenorden wahrgenommen wurde. Der Erzherzog trat deshalb 1923 zugunsten des kurz zuvor gewählten Koadjutors, des Bischofs von Brünn, Norbert Klein, zurück. Die 1929 von der Kurie bestätigte Regel machte den Deutschen Orden – trotz noch überlebender Ritterbrüder – zu einer nur aus Priestern und Schwestern bestehenden geistlichen Gemeinschaft der katholischen Kirche. Das Verbot des Ordens in Österreich nach der Besetzung durch das nationalsozialistische Deutschland 1938 und die Folgen des Zweiten Weltkriegs führten zwar zu erneuten Rückschlägen, doch besteht die Gemeinschaft in dieser neuen Form bis heute fort, mit einem Priester als Abt und Hochmeister an der Spitze und dem Sitz in Wien.

Epilog: Das Bild des Deutschen Ordens in der Moderne

Der Deutsche Orden besteht heute in neuer Gestalt fort. Sein Bild in der Öffentlichkeit war und ist aber weniger von der aktuellen Situation des Ordens als mehr von seiner Vergangenheit bestimmt. Insbesondere in Deutschland und in Polen herrschte dabei im 19. und 20. Jahrhundert lange eine nationale oder sogar nationalistische Perspektive vor, die wenig mit der realen Ordensgeschichte zu tun hatte. Den Hintergrund für diese Entwicklung bildeten die politischen Verhältnisse Mitte des 19. Jahrhunderts, als der deutsche Nationalstaat zwar herbeigesehnt wurde, aber erst in den Kriegen Bismarcks entstand, während Polen bis 1918 zwischen den Mächten Preußen, Österreich und Russland geteilt blieb. Die auf die Landesherrschaft des Deutschen Ordens in Preußen beschränkte Sicht bot hier für beide Seiten Anknüpfungspunkte.

Die deutsche, zumal die protestantische Wahrnehmung des Deutschen Ordens war zunächst durchweg negativ. Gerade in der Aufklärung erschien diese klerikale Institution als Gegenbild zu den eigenen Idealen. Die Ordensburgen in Preußen wurden als Steinbrüche benutzt oder zu Speichern umgebaut. Die romantische Wiederentdeckung des Mittelalters und die Befreiungskriege brachten jedoch einen Umschwung. Das in Preußen 1813 gestiftete Eiserne Kreuz orientierte sich bei allen Unterschieden an der Symbolik des Deutschen Ordens, und auf Glasmalereien der Marienburg, deren Restaurierung in dieser Zeit begann, stellte man einen Landsturmmann, einen Kriegsfreiwilligen, wie eine zeitgenössische Verkörperung neben einem Ordensritter dar.

Nach der Mitte des 19. Jahrhunderts wurde die nationale, zunächst nur preußische, dann auch deutsche Identifikation mit dem mittelalterlichen Deutschen Orden nationalistisch überhöht. Ihren wirkungsmächtigsten Ausdruck fand dies im Essay «Das deutsche Ordensland Preußen» des Historikers und Schriftstellers Heinrich von Treitschke, der 1862 erstmals erschien und immer wieder nachgedruckt wurde. Unberührt von der aktiven landesgeschichtlichen Forschung seiner Zeit, beschreibt Treitschke darin die Ordensbrüder als Kulturträger im Osten und als kompromisslose, ja aggressive Verteidiger gegen slawische Übergriffe. Dieses Bild fand danach nicht zufällig Eingang in die Politik Wilhelms II. Er erinnerte 1902 im Rahmen einer Feier auf der Marienburg an die Niederlage des Deutschen Ordens bei Tannenberg und zog die Parallele zur Gegenwart: «Jetzt ist es wieder so weit. Polnischer Übermut will dem Deutschtum zu nahe treten, und Ich bin gezwungen, Mein Volk aufzurufen zur Wahrung seiner nationalen Güter» (Boockmann, Orden, S. 245).

Auf polnischer Seite hatte die Schlacht von Grunwald schon früh Symbolcharakter, nicht zuletzt durch ihre Schilderung in den nach der Mitte des 15. Jahrhunderts entstandenen Annalen von Jan Długosz. So wurden die vom Orden 1410 erbeuteten Fahnen noch lange, selbst noch 1789, in der Kathedrale der Königsburg Wawel aufbewahrt. Die Erinnerung an diesen Erfolg diente in der Zeit der polnischen Teilung dazu, die Hoffnung auf ein Wiedererstehen des polnischen Staates zu stärken, so dass immer neue literarische und künstlerische Darstellungen entstanden. So zeigt das monumentale, über 40 Quadratmeter große Schlachtenbild Jan Matejkos von 1878 den Großfürsten Vytautas als triumphierenden Sieger neben dem sterbenden Ulrich von Jungingen. Besonders einflussreich war der um 1900 entstandene Roman *Die Kreuzritter* des Literatur-Nobelpreisträgers und viel gelesenen Schriftstellers Henryk Sienkiewicz. Er wurde 1960 durch Aleksander Ford verfilmt und prägt so bis heute das Bild vieler Menschen vom Deutschen Orden, ähnlich wie Sergej Eisensteins Film über die Niederlage des Ordens gegen Alexander Nevskij auf dem Peipussee von 1938.

Die Ordensbrüder erscheinen bei Sienkiewicz wie bei Eisenstein als Verkörperung des Bösen, arrogant, grausam und sadistisch, denen sich der friedliebende, gerechte polnische König und der Großfürst von Novgorod entgegenstellen. Die Schlachten bilden die ausführlich geschilderten Höhepunkte beider Filme. Bei Aleksander Ford geht der Schlacht eine Szene voraus, in der Jagiełło zögert, seine Untertanen in das Gemetzel zu schicken, aber zusammen mit Vytautas durch Herolde des Hochmeisters zum Kampf gefordert wird, indem sie zwei Schwerter vor ihnen in den Boden bohren, mittelalterlich eine durchaus ritterliche Geste, nun Ausdruck von Hochmut und Kriegslüsternheit. Diese Sicht auf die Schlacht wurde auch von der polnischen Kirche geteilt, die über die Jahrhunderte – selbst noch 1990 – das Gedächtnis an diesen Sieg wach hielt und am Jahrestag, dem 15. Juli, daran mit moralisierenden Bezügen erinnerte. Die Rede Wilhelms II. von 1902 hatte jedoch zur Folge, dass im selben Jahr zusätzlich erstmals öffentliche Feiern zum Gedächtnis an den Sieg von 1410 stattfanden, die zum 500. Jahrestag einen Höhepunkt erreichten und den erfolgreichen polnischen Abwehrkampf gegen die Germanisierung in Erinnerung rufen sollten.

Die deutsche Seite suchte dem einen Erfolg entgegenzusetzen. So kam es, dass der Sieg Ludendorffs und Hindenburgs gegen die russischen Truppen in Ostpreußen Ende August 1914 als zweites, diesmal siegreiches «Tannenberg» interpretiert wurde. Nach dem Ersten Weltkrieg entstand dort ein monumentales Denkmal, in dem der als Reichspräsident verstorbene Hindenburg 1934 bestattet wurde. Die Bezüge zur Niederlage des Deutschen Ordens waren inzwischen ebenso in den Hintergrund getreten, wie der Orden in der NS-Zeit nur noch äußerlich Bedeutung hatte. Zwar beherrschte das von Treitschke geprägte Bild auch die Darstellungen nach 1933, zusammen mit den Vorstellungen nationalkonservativer Strömungen, doch orientierten sich die «Ordensburgen», die Schulungszentren der NSDAP, ebenso wie die Ideen Heinrich Himmlers an anderen Vorbildern.

Dennoch wirkte die Sicht des 19. und früheren 20. Jahrhunderts auch nach 1945 fort. Die deutsche Ostforschung suchte, trotz weit gehender Einhaltung wissenschaftlicher Normen in der Kontinuität zu den Ansätzen der Zeit vor 1945, auch in der Historiographie den Anspruch auf die mit den Vertreibungen verlorenen ostdeutschen Gebiete zu verteidigen. Die polnische Forschung rechtfertigte dagegen die neuen Grenzen und sah das Wirken des Deutschen Ordens als «unnatürlichen» Eingriff in die Geschichte der baltischen Völker, sicher auch vor dem Hintergrund der Vertreibungen aus dem östlichen Polen.

Auch wenn sich das öffentliche Bild nur langsam ändert – nicht nur in Deutschland verbunden mit einem durchdringenden Wandel der gesellschaftlichen Normen –, haben sich zumindest die Wissenschaftler seit Beginn der deutsch-polnischen Schulbuchgespräche 1974 immer mehr angenähert. Der Deutsche Orden wird inzwischen in mittelalterlicher Perspektive als eine internationale geistliche Korporation verstanden, die in Preußen mit den Mitteln der Zeit ihrer Stiftungsaufgabe, dem Heidenkrieg, nachging. Internationale Tagungen, nicht zuletzt die Reihe der «Ordines militares – Colloquia Torunensia Historica» in Toruñ, untersuchen die Geschichte des Deutschen Ordens im Vergleich mit den anderen geistlichen Ritterorden, und die Internationale Historische Kommission zur Erforschung des Deutschen Ordens bietet eine Plattform für übergreifende Kooperation. Die gemeinsame Zukunft in der Europäischen Union wird hoffentlich dazu beitragen, auch in der Öffentlichkeit ein Bewusstsein für diesen Aspekt gemeinsamer europäischer Geschichte zu wecken.

Die Hochmeister des Deutschen Ordens

1198–1200? Heinrich Walpot
1200?–1209 Otto von Kerpen
1209 Heinrich Bart
1209–1239 Hermann von Salza
1239–1240 Konrad von Thüringen
1240–1244 Gerhard von Malberg
1244–1249 Heinrich von Hohenlohe
1249–1252 Günther von Wüllersleben
1252–1256 Poppo von Osterna
1256–1273 Anno von Sangerhausen
1273–1283 Hartmann von Heldrungen
1283–1290 Burchard von Schwanden
1291–1296 Konrad von Feuchtwangen
1297–1303 Gottfried von Hohenlohe
1303–1311 Siegfried von Feuchtwangen
1311–1324 Karl von Trier
1324–1330 Werner von Orseln
1331–1335 Luther von Braunschweig
1335–1341 Dietrich von Altenburg
1342–1345 Ludolf König
1345–1351 Heinrich Dusemer
1352–1382 Winrich von Kniprode
1382–1390 Konrad Zöllner von Rotenstein
1391–1393 Konrad von Wallenrode
1393–1407 Konrad von Jungingen
1407–1410 Ulrich von Jungingen
1410–1413 Heinrich von Plauen
1414–1422 Michael Küchmeister
1422–1441 Paul von Rusdorf
1441–1449 Konrad von Erlichshausen (Ellrichshausen)
1450–1467 Ludwig von Erlichshausen (Ellrichshausen)
1469–1470 Heinrich Reuß von Plauen
1470–1477 Heinrich Reffle von Richtenberg
1477–1489 Martin Truchsess von Wetzhausen
1489–1497 Johann von Tiefen
1498–1510 Friedrich von Sachsen
1511–1525 Albrecht von Brandenburg-Ansbach
1527–1543 Walter von Cronberg
1543–1566 Wolfgang Schutzbar gen. Milchling
1566–1572 Georg Hund von Wenckheim
1572–1585 /90 Heinrich von Bobenhausen
1585 /90–1618 Maximilian von Österreich
1619–1624 Karl von Österreich
1625–1627 Johann Eustach von Westernach
1627–1641 Johann Kaspar von Stadion
1642–1662 Leopold Wilhelm von Österreich
1662–1664 Karl Joseph von Österreich
1664–1684 Johann Kaspar von Ampringen
1684–1694 Ludwig Anton von Pfalz-Neuburg
1694–1732 Franz Ludwig von Pfalz-Neuburg
1732–1761 Clemens August von Bayern
1761–1780 Karl Alexander von Lothringen
1780–1801 Maximilian Franz von Österreich
1801–1804 Karl Ludwig von Österreich
1804–1835 Anton Victor von Österreich
1835–1863 Maximilian Joseph von Österreich-Este
1863–1894 Wilhelm von Österreich
1894–1923 Eugen von Österreich

1923–1933 Norbert Klein
1933–1936 Paul Heider
1936–1948 Robert Schälzky
1948–1970 Dr. Marian Tumler
1970–1988 Ildefons Pauler
1988–2000 Dr. Arnold Wieland
2000–2018 Dr. Bruno Platter
seit 2018 Frank Bayard

Quellen und Literatur
(Auswahl)

Quellen

Das virtuelle Preußische Urkundenbuch, online: http://www.spaetmittelalter.uni-hamburg.de/Urkundenbuch/

Die Sammlung «Deutscher Orden» im Rahmen der Monasterium Datenbank, online: https://www.monasterium.net/mom/DO/collection

Acten der Ständetage Preußens unter der Herrschaft des Deutschen Ordens, hrsg. Max Toeppen, 5 Bde., Leipzig 1878–1886

Beihefte zum Preußischen Urkundenbuch, hrsg. Arno Mentzel-Reuters, Jürgen Sarnowsky, Bde. 1–5, Göttingen 2012–2019

Deutsche Reichstagsakten, Ältere Reihe, Bd. 7–14: unter Kaiser Sigmund, unter König Albrecht I., bearb. Dietrich Kerler, Gustav Beckmann u. a., Gotha, Stuttgart 1878–1935

Das Marienburger Treßlerbuch der Jahre 1399–1409, hrsg. Erich Joachim, Königsberg 1896, ND Bremerhaven 1973

Peter von Dusburg, Chronica Terrae Prussiae/Chronik des Preußenlandes, hrsg./übers. Klaus Scholz, Dieter Wojtecki, Darmstadt 1984

Preußisches Urkundenbuch, hrsg. Rudolf Philippi, Adolph Seraphim u. a., Bd. 1–(7), Königsberg, Marburg 1882–[2022 und ff., in Vorbereitung]

Scriptores rerum Prussicarum. Die Geschichtsquellen der preußischen Vorzeit bis zum Untergange der Ordensherrschaft, hrsg. Theodor Hirsch, Max Toeppen, Ernst Strehlke, 5 Bde., Leipzig 1861–1874; Bd. 6, hrsg. Walther Hubatsch, Udo Arnold, Frankfurt a. M. 1968

Die Staatsverträge des Deutschen Ordens in Preußen im 15. Jahrhundert, 3 Bde., hrsg. Erich Weise, Marburg 1970 2. Aufl., 1955–1969

Die Statuten des Deutschen Ordens, hrsg. Max Perlbach, Halle 1890

Tabulae ordinis Theutonici, hrsg. Ernst Strehlke, Berlin 1869, ND Toronto 1975

Visitationen im Deutschen Orden im Mittelalter, hrsg. Marian Biskup und Irena Janosz-Biskupowa, Redaktion Udo Arnold, Bde. 1–3, Marburg 2002–2008

Literatur

a. Allgemeines

Literatur zur Landesgeschichte Ost- und Westpreußens, online: http://www.spaetmittelalter.uni-hamburg.de/Landesforschung/

Acta Teutonica, hrsg. Hubert Houben, Bde. 1–(8), Galatina 2004–(2013)

Ordines Militares. Colloquia Torunensia Historica, hrsg. Zenon Nowak, Roman Czaja u.a., Bde. 1–15, Toruń 1983–2009, fortgesetzt als: Ordines Militares. Colloquia Torunensia Historica. Yearbook for the Study of the Military Orders, hrsg. Roman Czaja, Krzysztof Kwiatkowski u.a., Bde. 16–(25), 2011–(2020)

Quellen und Studien zur Geschichte des Deutschen Ordens [mit Unterreihen], hrsg. Udo Arnold, Bde. 1–(85), Godesberg, Marburg, Weimar 1967–(2020)

800 Jahre Deutscher Orden. Ausstellung des Germanischen Nationalmuseums Nürnberg, hrsg. Gerhard Bott, Udo Arnold, Gütersloh, München 1990

Das Baltikum. Geschichte einer europäischen Region, 1: Von der Vor- und Frühgeschichte bis zum Ende des Mittelalters, hrsg. Karsten Brüggemann, Ralph Tuchtenhagen u.a., Stuttgart 2018

Biskup, Marian; Labuda, Gerard, Die Geschichte des Deutschen Ordens in Preußen (1986), Osnabrück 2000

Boockmann, Hartmut, Der Deutsche Orden. Zwölf Kapitel aus seiner Geschichte, 4. Aufl. München 1994

ders., Ostpreußen und Westpreußen, Berlin 1992

Czaja, Roman; Radzimiński, Andrzej, The Teutonic Order in Prussia and Livonia. The Political and Ecclesiastical Structures 13th–16th Century, Toruń; Köln, Weimar, Wien 2016

Deutscher Orden 1190–1990, hrsg. Udo Arnold, Lüneburg 1997

Jähnig, Bernhart, Vorträge und Forschungen zur Geschichte des Preußenlandes und des Deutschen Ordens im Mittelalter, Münster 2011

Gouguenheim, Sylvain, Les chevaliers Teutoniques, Paris 2007

Militzer, Klaus, Die Geschichte des Deutschen Ordens, Stuttgart 2005

Toomaspoeg, Kristjan, Les Teutoniques en Sicile, 1197–1492, Rom 2003

Wippermann, Wolfgang, Der Ordensstaat als Ideologie. Das Bild des Deutschen Ordens in der deutschen Geschichtsschreibung und Publizistik, Berlin 1979

b. Literatur zu Teil I

Arnold, Udo, Deutscher Orden und Preußenland. Ausgewählte Aufsätze, hrsg. Bernhart Jähnig, Georg Michels, Marburg 2005

Dorna, Maciej, Die Brüder des Deutschen Ordens in Preußen 1228–1309. Eine prosopographische Studie, Köln 2012

Favreau, Marie-Luise, Studien zur Frühgeschichte des Deutschen Ordens, Stuttgart 1974

Kisch, Guido, Forschungen und Quellen zur Rechts- und Sozialgeschichte des Deutschordenslandes, 3 Bde., Sigmaringen 1973–1978

Paravicini, Werner, Die Preußenreisen des europäischen Adels, Bd. 1–3, Sigmaringen, Göttingen 1989–2020

Pluskowski, Aleksander, The Archaeology of the Prussian Crusade. Holy War and Colonisation, London 2013

Zimmermann, Harald, Der Deutsche Orden in Siebenbürgen. Eine diplomatische Untersuchung, Köln, Weimar, Wien 2011 2. Aufl.

c. Literatur zu Teil II

Boockmann, Hartmut, Alltag am Hof des Deutschordens-Hochmeisters in Preußen, in: Alltag bei Hofe, hrsg. Werner Paravicini, Sigmaringen 1995, S. 137–147

ders., Johannes Falkenberg, der Deutsche Orden und die polnische Politik. Untersuchungen zur politischen Theorie des späteren Mittelalters, Göttingen 1975

ders., Süßigkeiten im finsteren Mittelalter. Das Konfekt des Deutschordenshochmeisters, in: Mittelalterliche Texte. Überlieferung – Befunde – Deutungen, hrsg. Rudolf Schieffer, München 1996, S. 173–188

Czaja, Roman, Preußische Hansestädte und der Deutsche Orden. Ein Beitrag zu den Beziehungen zwischen Stadt und Landesherrschaft im späten Mittelalter, in: Hansische Geschichtsblätter 118 (2000), S. 57–76

Heckmann, Dieter, Amtsträger des Deutschen Ordens in Preußen und in den hochmeisterlichen Kammerballeien des Reiches bis 1525, Toruń 2020

Herrmann, Christofer, Mittelalterliche Architektur im Preußenland. Untersuchungen zur Frage der Kunstlandschaft und -geographie, Petersberg 2007

ders., Der Hochmeisterpalast auf der Marienburg. Konzeption, Bau und Nutzung der modernsten Fürstenresidenz um 1400, Petersberg 2019

Israel, Ottokar, Das Verhältnis des Hochmeisters des Deutschen Ordens zum Reich im 15. Jahrhundert, Marburg 1952

Jähnig, Bernhart, Verfassung und Verwaltung des Deutschen Ordens und seiner Herrschaft in Livland, Berlin 2011

Kwiatkowski, Krzysztof, The Muslim people of Desht-i Quipchaq in fifteenth-century Prussia, in Fear and Loathing in the North, hrsg. Cordelia Heß, Jonathan Adams, Berlin 2015, pp. 144–151

Mentzel-Reuters, Arno, Arma spiritualia. Bibliotheken, Bücher und Bildung im Deutschen Orden, Wiesbaden 2003

Neitmann, Klaus, Der Hochmeister des Deutschen Ordens in Preußen – ein Residenzherrscher unterwegs, Köln, Wien 1990

Päsler, Ralf G., Deutschsprachige Sachliteratur im Preußenland bis 1500. Untersuchungen zu ihrer Überlieferung, Köln, Weimar, Wien 2003

Quis ut Deus. Schätze aus dem Diözesanmuseum Pelplin. Kunst zur Zeit des Deutschen Ordens / Skarby Muzeum Diecezjalnego w Pelpline. Sztuka z czasów Zakonu Krzyżackiego, hrsg. Roman Ciecholewski, Lüneburg 2000

Sarnowsky, Jürgen, Der Fall Thomas Schenkendorf: rechtliche und diplomatische Probleme um die Königsberger Großschäfferei des Deutschen Ordens, in: Jahrbuch für die Geschichte Mittel- und Ostdeutschlands 43 (1995), S. 187–275

ders., On the Military Orders in Medieval Europe. Structures and Perceptions, Farnham, Surrey 2011

ders., Riga und Danzig im 15. Jahrhundert, in: Riga und der Ostseeraum, Von der Gründung 1201 bis in die Frühe Neuzeit, hrsg. Eduard Mühle, Ilgvars Misāns, Marburg 2005, S. 193–210 ders., Die Wirtschaftsführung des Deutschen Ordens in Preußen (1382–1454), Köln, Weimar, Wien 1993

Thielen, Peter Gerrit, Die Verwaltung des Ordensstaates Preußen vornehmlich im 15. Jahrhundert, Köln, Graz 1965

Torbus, Tomasz, Die Konventsburgen im Deutschordensland Preußen, München 1998

Weiß, Dieter J., Die Geschichte der Deutschordens-Ballei Franken im Mittelalter, Neustadt a. d. Aisch 1991

Wolter von Plettenberg und das mittelalterliche Livland, hrsg. Norbert Angermann, Ilgvars Misans, Lüneburg 2001

d. Literatur zu Teil III

Burleigh, Michael, Prussian Society and the German Order. An Aristocratic Society in Crisis c. 1410–1466, Cambridge 1984

Demel, Bernhard, Unbekannte Aspekte der Geschichte des Deutschen Ordens, Wien, Köln 2006

ders., Der Deutsche Orden einst und jetzt, hrsg. Friedrich Vogel, Frankfurt a. M. 1999

Dralle, Lothar, Der Staat des Deutschen Ordens in Preußen nach dem II. Thorner Frieden, Wiesbaden 1975

Ekdahl, Sven, Die Schlacht bei Tannenberg, Quellenkritische Untersuchungen, Bd. 1, Berlin 1982

Flemmig, Stephan, Zwischen dem Reich und Ostmitteleuropa. Die Beziehungen von Jagiellonen, Wettinern und Deutschem Orden (1386–1526), Stuttgart 2019

Forstreuter, Kurt, Vom Ordensstaat zum Fürstentum. Geistige und politische Wandlungen im Deutschordensstaate Preußen unter den Hochmeistern Friedrich und Albrecht (1498–1525), Kitzingen 1951

Jähnig, Bernhart, Preußenland, Kirche und Reformation. Geplantes Zusammenspiel von geistlicher und weltlicher Herrschaft, Berlin 2019

Kubon, Sebastian, Die Außenpolitik des Deutschen Ordens unter Hochmeister Konrad von Jungingen (1393–1407), Göttingen 2016

The Military Orders and the Reformation. Choices, State Building, and the Weight of Tradition, hrsg. Johannes A. Mol, Klaus Militzer, Helen J. Nicholson, Hilversum 2006

Murawski, Klaus Eberhard, Zwischen Tannenberg und Thorn. Die Geschichte des Deutschen Ordens unter dem Hochmeister Konrad von Erlichshausen 1441–1449, Göttingen 1953

Neitmann, Klaus, Die Staatsverträge des Deutschen Ordens in Preußen 1230–1449, Köln, Wien 1986

Sach, Meike, Hochmeister und Großfürst. Die Beziehungen zwischen dem Deutschen Orden in Preußen und dem Moskauer Staat um die Wende zur Neuzeit, Stuttgart 2002

Register

Abkürzungen: B = Bischof; Bm = Bistum; DM = Deutschmeister; DOH = Deutschordenshaus; F = Fürst; Fm = (Groß)Fürstentum; H = Herzog; HM = Hoch- (und Deutsch)meister; Leiter des Hospitals; K = (römisch-deutscher) König; Ks = Kaiser; LM = Meister in Livland; M = Meister, Leiter; P = Papst